Réalisation et mise en page : M&G Éditions
Imprimé en CEE

Nos remerciements aux sociétés, collectionneurs et institutions, qui ont mis à notre disposition des illustrations anciennes, particulièrement M. Rosay, antiquaire, qui nous a ouvert sa collection d'affiches reproduites en début et fin de cet ouvrage.

En pages 27 et 125, figure la reproduction de l'œuvre de Nicholas Moscovitz installée dans la clairière des Justes © Adagp, Paris 2001.

© 2001 Musnier-Gilbert Éditions
27, rue des Bons-Enfants
01000 Bourg-en-Bresse
Tél. : 04 74 24 69 13 – Fax : 04 74 45 07 08
ISBN : 2 910267-40-7
Dépôt légal : décembre 2001

**Cet ouvrage a été édité avec le soutien
de la ville de Thonon-les-Bains**

Thonon-les-Bains

du Haut-Chablais au Léman

Photographies
Paul Pastor

Textes
Alain Gilbert
Annick Puvilland
Claude Vigoureux

Musnier - Gilbert
M&G
EDITIONS

Préface

Dès la période du néolithique, le site de Thonon connut une fréquentation importante. En effet, sa situation particulièrement privilégiée, au pied des Alpes et en bordure du plus vaste plan d'eau d'Europe occidentale, le lac Léman, fit de Thonon un centre régional très attractif, dont les premiers vestiges lacustres remontent vers 1800 avant J.-C.

Le caractère commercial de Thonon va s'affirmer en 1268 grâce à l'octroi de « franchises » entraînant un afflux de population. Mais c'est au XVIe siècle sous l'impulsion du pape-duc Amédée VIII que Thonon va vraiment prendre son essor, notamment du fait des séjours très fréquents de la Cour de Savoie sur les rives du Léman.

Cette faste période, comme les siècles suivants, qui verront les occupations successives des Bernois, des Français voire des Espagnols, finirent de façonner la structure et le visage que Thonon, capitale du Chablais, gardera jusqu'à la seconde moitié du XXe siècle.

Ville d'eau, port de pêche et de plaisance, centre de commerce et d'échanges, ville administrative mais également centre d'industrie actif, Thonon a su, tout en conservant les témoignages d'un riche passé, se moderniser, s'adapter. Ses équipements sportifs, culturels, son cadre de vie, son urbanisme à dimension humaine sont enviés. Ils lui font regarder l'avenir avec confiance. Son environnement valorisé et protégé fait de Thonon un lieu recherché.

Comme les vagues qui semblent jouer à se pousser entre elles dans le sillage d'une voile blanche, sous le calme apparent des eaux du lac Léman, les pages de ce livre sont gonflées de souvenirs et d'histoire. Elles dévoileront à l'esprit, en mouvements cadencés, la découverte d'une ville, capitale des rives françaises du Léman et de sa région, la beauté des paysages et les modes de vie de ses habitants.

Jean DENAIS,
maire de Thonon-les-Bains

Les bords du lac, le centre-ville, les villages en hauteur : Thonon a pris ses aises.

Comblée par la nature...

Au bord du lac Léman et au pied des Alpes, Thonon-les-Bains est une cité vivante de 32 000 habitants. Capitale du Chablais, sous-préfecture de la Haute-Savoie, la ville est réputée pour son activité commerciale, son ambiance décontractée et son eau minérale qui alimente son établissement thermal.

Thonon-les-Bains s'est construite sur deux niveaux. La partie basse, avec son port, sa promenade le long du lac et le quartier de Rives, s'anime dès le printemps. La partie haute est concentrée sur le centre-ville avec ses rues piétonnes, ses multiples commerces, ses grands marchés hebdomadaires et ses animations tout au long de l'année. Ses hauteurs offrent d'agréables belvédères fleuris et verdoyants qui s'ouvrent sur l'une des plus belles perspectives de la rive française du lac Léman.

Comblée par la nature, Thonon-les-Bains cultive son art de vivre grâce à ses multiples activités de loisirs, sa gastronomie, ses fêtes nombreuses et ses réjouissances. Plus simplement, il fait bon se promener et musarder dans ses parcs et jardins qui offrent cent dix hectares d'espaces verts au cœur de la ville.

Les alentours de la cité ne font que renforcer ses attraits. Stations touristiques et climatiques de renom telles qu'Évian-les-Bains ou Yvoire, stations de sports d'hiver de réputation internationale telles que Morzine-Avoriaz ou villages paisibles à l'ambiance familiale, ports pittoresques, côteaux et plateaux de vignes comme à Marin, vergers, pâtures, plaines fertiles, sommets étirés et abrupts dévalés par des torrents... C'est un cadre naturel aux multiples facettes qui fait la richesse de la ville et de sa région. Forte de sa vocation touristique, la ville en a tiré le meilleur parti pour attirer les passionnés de nature et les amateurs de culture. Ils disposent, des berges du

Le Belvédère qui domine le port et fait face à Lausanne.

Léman aux sommets du Chablais, d'un écosystème et d'un patrimoine riche et varié: pratique des sports de nature, sports nautiques, randonnées, gastronomie régionale faite de vins, de poissons et de fromages… On comprend mieux ainsi que la région ait pacte lié avec le tourisme.

Thonon, cœur du Chablais

Le Chablais est la région la plus septentrionale des Alpes françaises. Avec près de 910 km² qui correspondent au niveau administratif à l'arrondissement de Thonon-les-Bains, il regroupe six cantons et soixante-sept communes. Au total, les cantons de Thonon, Évian, Douvaine, Abondance, Le Biot et Boëge, comptent, selon le recensement de 1999, 110 348 habitants, soit une densité de plus de 110 habitants au kilomètre carré, ce qui situe le Chablais dans la moyenne française.

Amphithéâtre naturel ouvert sur un horizon lacustre, au pied des Préalpes calcaires, le Chablais se veut contrasté et divers.

D'un point de vue topographique et géologique, il s'offre comme une région relativement fermée au sud et à l'est par un massif montagneux et ouvert vers le nord et l'ouest vers la Suisse. Cette distinction permet de définir le Haut-Chablais, montagneux et isolé, constitué de massifs séparés par des profondes vallées (vallée d'Abondance, vallée d'Aulps…), et le Bas-Chablais, formé de plaines et de bas plateaux tournés vers le lac Léman et la Suisse.

Cette disposition de l'espace chablaisien correspond à l'histoire géologique de la région qui lui a donné son originalité et les grands traits de son paysage actuel et lui vaut de faire partie des Préalpes. Le Haut-Chablais est construit par un empilement de nappes de charriage, composées essentiellement de matière calcaire venue du cœur des Alpes à l'ère glaciaire. Cet amas donne à

l'ensemble une allure imposante (Mont de Grange, Roc d'Enfer…) ou des reliefs plus aérés tels que le massif de la dent d'Oche.

À l'opposé, le Bas-Chablais est formé d'un groupe de plaines qui bordent le lac et de bas plateaux sur lesquels sont venues reposer les nappes de charriage du Haut-Chablais. De part et d'autre du torrent de la Dranse, se sont constituées des configurations topographiques différentes.

À l'est de la Dranse, il n'y a pas vraiment de plaine mais plutôt un plateau, le plateau de Gavot avec les communes de Larringes, Champanges, Saint-Paul qui dominent le lac aux alentours de 800 à 900 mètres d'altitude.

À l'ouest du torrent, l'espace est beaucoup plus plat. Entre Thonon et Sciez, le Bas-Chablais a l'aspect d'un escalier dont les marches vont progressivement buter contre les Monts des Hermones et le Haut-Chablais. Après Sciez, le Chablais prend l'allure d'une grande plaine qui s'élargit peu à peu et se parsème de collines qui surplombent le paysage comme celle de Ballaison.

Au bord du lac Léman

Le Léman est le plus vaste lac d'Europe occidentale. Il constitue la plus grande réserve d'eau douce d'Europe. Quelques chiffres permettent de mieux mesurer son ampleur: 582 km^2 de superficie, 310 m de profondeur maximale, 73 km dans sa plus grande longueur (entre Genève et Villeneuve), 14 km dans sa plus grande largeur (entre Morges et Amphion) et 167 km de côtes.

Le lac Léman est un élément fondamental du paysage chablaisien et un des principaux attraits touristiques de la région. Il constitue également un des facteurs principaux du climat doux qui prévaut à Thonon.

Les hivers sont tranchés, doux et humides en bordure de lac. Ils sont froids et secs en montagne. En revanche, les étés sont plutôt frais dans les massifs, tandis que sur

les bords du lac, ils s'avèrent plutôt chauds et humides.

Ses plateaux au grand air et ses pieds dans l'eau font du Chablais et de ses rives une petite côte d'Azur, au nord des Alpes. Comme sur la côte méditerranéenne, on retrouve ici au premier plan « la riviera » avec les villes d'Évian, d'Amphion, de Thonon et d'Yvoire. Au second plan, on aperçoit les sommets enneigés des Alpes.

Le lac Léman constitue une vraie richesse pour le Chablais. Outre ses attraits touristiques et ses atouts pour la pratique des sports aquatiques, et autres loisirs lacustres, il a toujours fait transiter des marchandises d'une rive à l'autre. Aujourd'hui, il est devenu le trajet privilégié qui permet à de nombreux frontaliers du Chablais d'aller travailler en Suisse. Ils croisent chaque jour au loin des barques que conduisent les pêcheurs professionnels qui ont fait du port de Rives, un lieu typique de Thonon.

Avec ses rives, ses plaines et ses plateaux, ses vallées et ses sommets, aux franges de la France et de la Haute-Savoie, le Chablais est à la fois carrefour et frontière. Carrefour à l'échelle européenne à la croisée de trois axes stratégiques qui relient l'Espagne à l'Allemagne, le Royaume-Uni à l'Italie, l'ouest du continent à l'Autriche. Il s'affirme aussi comme un frontière à la dimension du Léman puisque trait d'union entre Genève, Lausanne, Montreux et les cités du Valais. La proximité de la Suisse et de l'Italie offre de nombreux avantages dans les échanges économiques et culturels. La région représente un réel attrait pour les entrepreneurs.

À 30 km seulement de Genève qui garde avec ses banques et ses organisations internationales son prestige dans le monde, Thonon sait tirer avantage de sa prestigieuse voisine. L'aéroport de Genève-Cointrin n'est qu'à une heure de la ville.

Ainsi va Thonon, fière de son indépendance, jalouse de son patrimoine, hospitalière et ouverte à ceux qui sont sensibles à son charme.

La forêt, Thonon et le Léman vus depuis le château des Allinges.

La dent d'Oche depuis
Larringes : un sommet cher
aux Thononais.

Port Ripaille et ses canaux,
le delta de la Dranse, la zone
industrielle de Vongy, plus
loin Évian et la dent d'Oche.

Les vicissitudes de l'histoire

À l'époque romaine, la localité, étape vers Genève et point de rencontre de différentes voies, dotée d'un port (Seyssel-Condate), se développe. Le vicus, qui s'étend alors sur plus de 10 hectares, est riche de son marché et de ses artisans potiers et fondeurs. L'eau y est intelligemment utilisée. Les habitants profitent des fontaines et des thermes, alimentées par les aqueducs et citernes. Les riches familles ont même des bains chauffés à domicile, tel ce haut fonctionnaire de l'empereur Hadrien qui fait construire une splendide villa à Ripaille.

Au IIᵉ siècle après J.-C., des faubourgs industrieux naissent à Concise, Marclaz, Tully et Vongy. Le micro-climat, dû au lac, favorise la culture de la vigne. Capitale régionale, la cité subit de plein fouet l'effondrement de l'Empire devant les Barbares en 476. Les Burgondes envahissent la contrée et s'installent entre les Alpes et le lac Léman, tout au long de la rive méridionale. Commence le déclin économique qui durera plusieurs siècles.

Un haut lieu du christianisme

La religion va devenir ensuite un nouveau ciment pour les populations chablaisiennes. Deux influences sont déterminantes : l'évêché de Genève, érigé autour

Les tours du château de Ripaille à travers la lumière d'automne.

de 350, et l'abbaye d'Agaune créée en 515. Les archéologues ont mis à jour deux basiliques funéraires paléochrétiennes, à Saint-Julien-en-Genevois et Seyssel-Condate. La première appellation de la cité, sous le vocable de Thonon (Thonuns), figure dans un document ecclésiastique de 1138.

Aux XIe et XIIe siècles, cinq communautés religieuses s'installent: les augustins à Filly et Abondance, les bénédictins à Saint-Jean-d'Aulps, les cisterciennes à Perrignier, les chartreux à Bellevaux. Sans compter les nombreuses maisons secondaires, qui participent intensément au travail de mise en valeur du sol.

Un enjeu économique et stratégique

En ces temps où se structure la féodalité, la bourgade n'est pas le centre administratif de la contrée. Le fortin de bois établi par les Burgondes sur la colline d'Allinges, à l'est, devient un château fort. Vers 933, on construit une nouvelle bâtisse, le Château-Neuf, sans préjudice pour le Château-Vieux qui est réparé. Deux sites se font face que se partageront deux familles seigneuriales rivales: les comtes de Savoie et les sires de Faucigny.

Au Château-Neuf, réside le « châtelain », gouverneur civil et militaire, de Savoie. Au Château-Vieux, son rival, le sire de Faucigny, dont le territoire est encerclé par les possessions savoyardes. Soutenus par les puissants moines de Saint-Maurice d'Agaune, les sires de Savoie convoitent Thonon. En 1266, Pierre II, dit le « Petit Charlemagne », s'empare de la cité, en négociant avec le prieur l'achat des droits possédés par l'Église intra et extra-muros. Son successeur, Philippe Ier, octroie à la ville des chartes de franchises. Rien d'original dans ces libertés commerciales, qui ressemblent à des privilèges tels le monopole du trafic portuaire pour les habitants. Mais Thonon voit ainsi son importance économique confortée, confirmée par l'installation de banquiers lombards.

En 1288, le comte Amédée V fait édifier d'imposantes murailles protectrices. Las de se combattre, Savoie et Faucigny signent la paix à Paris en 1355. Le Faucigny – et ses deux châteaux – rentre dans l'escarcelle savoyarde. Allinges perd son aspect défensif et, vers 1400, le site est quasiment abandonné. En 1438, l'épidémie de peste apparaît comme une autre cause de dépeuplement.

La place de l'hôtel de ville.

Cette œuvre du sculpteur Marguerite Peltzer-Genoyer veille comme une sentinelle à l'entrée du musée du Chablais.

Le port de Rives,
son château, ses barques,
son lavoir et ses fleurs.

Échange de regard entre
une sirène, détail d'un pied
de table au château
de Montjoux, et une
des gargouilles de la basilique
Saint-François-de-Sales.

La cour du château de Bellegarde avec ses sculptures qui figurent sur les poutres extérieures de la galerie.

La statue du général Dessaix.

Mariage dans la chapelle de Vongy, œuvre de l'architecte Maurice Novarina.

comme une autre cause de dépeuplement.

Ripaille : un palais entre politique, coquetterie et piété

En 1377, Bonne de Bourbon, l'épouse du « Comte Vert » Amédée VI, tombée sous le charme de Ripaille, aménage la résidence comtale en une agréable villégiature. Plus tard, Amédée VII, dit le « Comte Rouge », s'y installe et en fait le centre administratif des États de Savoie, jusqu'à son décès en 1391.

À l'instar de Bonne de Bourbon, Marie de Bourgogne, femme du comte Amédée VIII, ramène la Cour à Ripaille. D'un tempérament bâtisseur, le couple fait édifier un nouveau château doté de sept tours, avec l'aide de l'architecte Aymonet Corniaux. En 1434, Amédée VIII choisit d'y terminer son glorieux règne et transforme la ville. Il aménage une adduction d'eau, crée un quartier en 1438, fonde un prieuré de 15 chanoines augustins réguliers, dont il prend la direction en entrant dans les ordres. En 1439, « l'ermite de Ripaille » est élu… pape, sous le nom de Félix V. Il démissionne en 1449, demeurant le deuxième personnage de la catholicité sous le nom de cardinal de

Rives, Thuyset et Montjoux :
Thonon est riche en châteaux
plantés dans leur écrin
de verdure.

Des guerres de religion aux conflits nationaux

Les guerres de religion touchent Thonon et le Chablais, par l'invasion des Bernois et des Valaisans, sur fond de lutte du duc de Savoie Charles III contre Genève. Le château de Ripaille résiste mais, abandonné par les moines en 1539, il est transformé en hôpital, avant d'être partiellement détruit par les assiégeants en 1589.

Calvinistes, modérés dans un premier temps, les Bernois interdisent le culte romain par l'édit de réformation en 1536. Lorsque le duc Charles-Emmanuel de Savoie récupère ses États en 1564, il demande à François de Sales, évêque expulsé de Genève, de restaurer le catholicisme. Les Allinges, résidence épiscopale, deviennent alors la colline inspirée, où « l'apôtre du Chablais » ne chôme pas, ayant parfois recours à la force armée pour obtenir des conversions massives.

Après la signature de la paix à Lyon en 1601, Ripaille retrouve une affectation religieuse, avec l'arrivée des sœurs de l'Annonciade venues de Vallon, et appelées par Mgr de Sales. Thonon s'embellit. De nouvelles rues sont ouvertes (de Vallon, Saint-Sébastien), des hôtels particuliers construits (palais de La Bâthie, châteaux de Bellegarde, de Sonnaz). Six couvents s'installent et la cita-delle devient promenade. Dans ce contexte de prospérité, le duc Victor-Emmanuel n'en voue pas moins les deux châteaux, source de trop lourdes charges, à la démolition.

Au XVIIIe siècle, les « guerres en dentelles » laissent de terribles souvenirs en Chablais. Les Français puis les Espagnols mettent à sac le pays. L'effondrement économique jette sur les routes vagabonds et migrants. En 1771, le roi de Piémont-Sardaigne supprime les droits féodaux.

À Ripaille, en 1764, les chartreux élèvent une grande église baroque, malgré la baisse des vocations et des revenus du domaine. Chassés par l'envahisseur français révolutionnaire, les moines quittent les lieux. Vendu comme bien national, Ripaille est acheté par le futur général d'Empire Dupas, tandis que les églises conventuelles deviennent le siège des clubs politiques, Jacobins et Marseillais. « L'ébullition française » gagne les esprits chablaisiens : à Thonon, le capitaine Dessaix ouvre le bal, rejoint en 1792 par les troupes françaises du général Montesquiou.

Mais la conscription a vite fait de dégriser les enthousiasmes, sans compter la tentative de déchristianisation, qui heurte les consciences. L'époque napoléonienne ne change rien, même si elle pacifie les esprits. Les guerres donnent des héros au Chablais (les frères Dessaix, les généraux Chastel, Dupas, Marulaz) mais déciment les

Le couvent de la Visitation reconstruit hors des murs de la ville.

Saint François-de-Sales
veille toujours depuis Allinges
sur Thonon et le Chablais

Vestiges du Château-Vieux
aux Allinges.

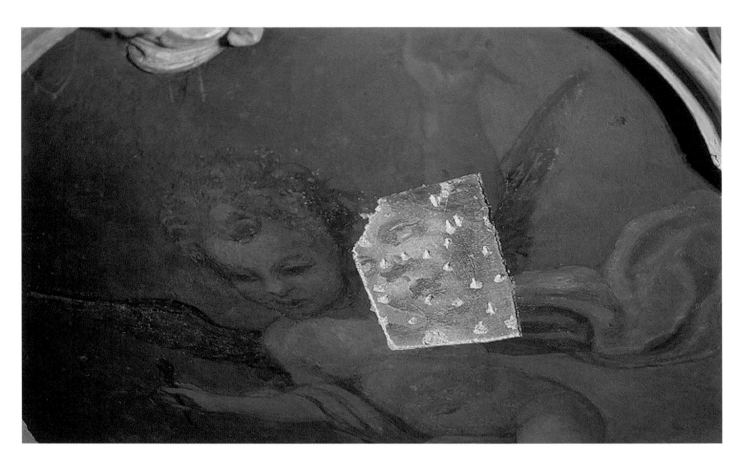

Fresques en cours de découverte et de restauration dans les médaillons de l'église Saint-Hyppolite.

La basilique Saint-François-de-Sales et ses vitraux.

L'église Saint-Hyppolite et ses anges du maître-hôtel.

Une des scènes du chemin
de croix peint en 1943
par Maurice Denis
dans la basilique
Saint-François-de-Sales.

rangs. Devenue département du Mont-Blanc en 1792, la Savoie est restituée en 1814 à la dynastie du même nom, devenue Maison royale de Piémont-Sardaigne.

La Belle Époque des eaux

La seconde annexion française, en 1860, modifie la donne économique. L'empereur Napoléon III dote le Chablais d'infrastructures routières et ferroviaires et la ville de Thonon d'un port digne de ce nom. La cité ne compte alors que 5 000 habitants, occupés essentiellement par l'activité thermale. Autour, à Rives, Concise, Vongy, c'est la polyculture, avec une place importante pour la vigne. Soucieux de ménager les susceptibilités locales et suisses, l'Empereur établit le principe d'une « zone franche », qui contribue au succès colossal du plébiscite sur l'Annexion.

À partir de 1888 – après le captage des eaux de la Versoie –, la Ville dote les thermes de bâtiments luxueux, de grands hôtels et d'un casino, construit un funiculaire, aménage le quai de Ripaille et le boulevard de la Corniche, réalise le réseau d'eau potable et d'assainissement, crée des écoles, réinstalle la poste dans la Grande Rue. Une

Le château de Ripaille,
propriété de la famille
Engel-Gros en 1892.

*Le château de Ripaille
et son parc sont ouverts
au public depuis 1976.*

société élégante et cosmopolite hante les rues pavées de la cité qui, en 1901, subit un violent incendie.

En 1892, la famille Engel-Gros rachète le château de Ripaille, le transforme dans le style de l'époque – un néo-gothique dans la veine de Viollet-Le-Duc mâtiné d'Art Nouveau – et fait aménager un parc à la française.

En 1912, Thonon inaugure la première École municipale hôtelière, dont la réputation ne sera jamais démentie. La première guerre mondiale porte un coup aux classes aisées qui faisaient la fortune des hôtels et des thermes, et réduit la population masculine. L'entre-deux-guerres voit néanmoins la reprise de travaux d'ampleur : aménagement du quartier du Pré-Cergues, création du square Aristide-Briand, reconstruction de l'École hôtelière.

1939-1940, Thonon plonge dans l'incertitude et le cauchemar. L'occupation, d'abord italienne (peu agressive) puis allemande, provoque des réactions d'opposition. La Résistance s'organise rapidement et fortement dans tout le Chablais. L'École hôtelière devient le siège de la Milice jusqu'en août 1944. Durant l'Occupation, la chasse à l'homme n'a pas seulement visé les résistants mais aussi les juifs qui fuyaient la traque du Régime de Vichy. Le Mémorial des Justes rend hommage aujourd'hui à ceux qui vinrent en aide aux Israélites persécutés.

L'inachèvement des Trente Glorieuses

En 1954, une première zone industrielle de 30 hectares est créée à Thonon. La même année, un nouvel établissement thermal est inauguré. En 1960, la sous-préfecture de Thonon ouvre un lycée (la Versoie), un hôtel des Impôts, et fait agrandir son palais de justice (installé en 1963 au château de Bellegarde). En 1970, un nouvel hôpital voit le jour. L'ère des loisirs conduit la ville à aménager une plage en 1951, agrandir le stade Joseph-Moynat, créer une Maison de la Culture en 1966 et une Maison des Sports en 1972. Le couvent de la Visitation est transformé en centre culturel. Ripaille, fleuron historique de Thonon, en devient le fleuron touristique, lorsque les propriétaires et la municipalité conviennent d'un accord d'ouverture au public et de valorisation du site : en 1976, naissent la Fondation Ripaille et la plage de la Châtaigneraie. Depuis, château, prieuré et forêt sont des lieux très fréquentés et appréciés. Malgré ces atouts, Thonon reste en retrait du développement régional, l'insuffisance des voies de communication étant le principal handicap au désenclavement du Chablais qu'il a cherché à contourner par son dynamisme pragmatique. Préservée jusqu'ici, Thonon la vénérable attend d'être redécouverte.

La clairière des Justes
vue du ciel et ses 70 arbres
venus de tous les continents.

Au cœur de la clairière,
le Mémorial, œuvre de
Nicholas Moscovitz.

Fontaines et lavoirs restaurés agrémentent la vie des hameaux de Thonon.

« Pays trop beau où se mêlent la mer et la montagne. »

Henry Bordeaux

Par quel côté aborder Thonon ? Par ses rives ? Certains vous conseillent de prendre le bateau et du recul et, depuis le lac, de laisser votre regard remonter les terrasses de la ville. Par ses hauteurs ? Comme vous le soufflent d'autres qui vous proposent de grimper à la limite des bois pour mieux dévaler des yeux les escaliers qui vont des hameaux aux ports de Rives et de Ripaille. À vous de choisir !

Dans cet amphithéâtre d'eau et de verdure, les perspectives changent sans cesse. Le château des Allinges n'offre pas le même spectacle que la place de Crête. Les angles varient selon les lieux et la lumière, selon l'humeur

et la saison, mais à chaque fois, chacun en reçoit plein les yeux. Thonon joue sur tous les tableaux, heureuse qu'elle est de figurer parmi les perles d'une couronne renommée, parmi les joyaux d'une mer intérieure où se conjuguent les Alpes et le Jura. Parfum de Suisse, air de la montagne, vent du large et vague à l'âme : les touristes admirent les paysages depuis les belvédères et les Thononais gardent pour eux leur lieu de prédilection.

Dans ce cadre idyllique, au milieu de ce site privilégié qui se joue des frontières et des clichés, Thonon s'offre au regard comme une belle alanguie. Mais la ville ne se prend pas comme cela, du premier coup. Elle a tant de châteaux

Jour de marché.

à conquérir, tant de hameaux à circonscrire et de rues à investir qu'il ne faut pas compter la ravir dès le premier assaut. Cette conquête-là ne peut se faire que dans la douceur, au gré des fleurs, au fil de l'eau. Les vieux Thononais, à la fois loups de mer et pâtres des montagnes, se sentent chez eux dans ce berceau qu'ils ont reçu en héritage. Les autres, venus d'ailleurs, ont adopté ce site privilégié, ce lac et cette montagne qui sont devenus comme une seconde nature.

Une longueur d'avance

À force de suivre le mouvement de son histoire et de remonter la pente de son développement, du lac aux Préalpes, Thonon a toujours eu le goût de la vie urbaine, qui sied aux villes de commerce et d'échanges, et la nostalgie de la campagne. En un siècle, elle a pris son essor, du coup de pouce impérial qui en fit à la fin du XIXe un lieu de villégiature, aux Trente glorieuses qui l'ont transformée en ville industrieuse.

Si elle a beaucoup reçu de la nature, elle a aussi beaucoup donné de sa personne pour asseoir les bases de sa modernité et de sa prospérité. Cette ville a le goût de la pierre et l'amour des bâtisseurs. Elle a enfanté deux architectes qui, l'un après l'autre, ont contribué à façonner le nouveau visage de la cité, par touche, par façade et par talent, avec juste ce qu'il faut d'audace pour durer au-delà des modes. Louis Moynat, puis Maurice Novarina ont fait corps avec leur ville natale tout au long du XXe siècle. Tout comme Georges Pianta qui l'a poussée à épouser enfin son siècle. Maire durant plus de trente ans, il fut un rénovateur intrépide, un aménageur inlassable qui reconstruisit la ville comme on mène un plan de bataille. À la longue, ses intuitions se sont révélées judicieuses puisqu'elles ont doté le centre-ville, à partir de 1953, de logements, de

parkings souterrains, de rues piétonnes, de voies larges et d'équipements touristiques, alors même que d'autres villes n'en étaient qu'à l'esquisse des plans.

Le cadre de vie, un pari sur l'avenir

Aujourd'hui encore, Thonon a une longueur d'avance. Régénérée en son cœur, elle a pu s'épanouir à sa périphérie, soigner son cadre de vie et se redonner une âme. Elle est partie à la conquête de son patrimoine, retrouvant chapelles, fontaines et lavoirs, valorisant châteaux et places, aménageant ports et jardins. Ce qui fait l'agrément des touristes se révèle avant tout le décor quotidien des Thononais. Jaloux de cette qualité de vie, qui pourrait passer pour un havre de paix, ils apprécient que leur patrimoine soit protégé et mis en valeur.

Thonon a tourné la page du siècle et du millénaire avec la ferme ambition de faire de son patrimoine naturel et urbain et de son cadre de vie un des atouts de son développement. Ce plan paysage, engagé par un diagnostic très fouillé sur les visages qu'offre aujourd'hui la cité, s'affirme comme un nouveau défi. Sa réussite, appuyée sur de solides atouts, bénéficiera autant aux habitants qu'aux touristes, de moins en moins sensibles aux villes figées comme des cartes postales.

Déjà les services des espaces verts de la ville s'emploient à tisser un canevas de verdure, nouvelle toile de fond qui prendra en compte tous les recoins de la cité, tout en continuant à faire éclore chaque année plus de 2 000 000 fleurs et à planter plus d'arbres qu'ils n'en coupent. Cet embellissement offrira ainsi aux inconditionnels de Thonon une nouvelle image de la ville, le reflet aussi de leur goût pour la beauté, de leur amour de la vie. Pays trop beau, comme l'écrivait Henry Bordeaux, peut-être. Ville très belle, à coup sûr !

Le Roi et la Reine, œuvres du sculpteur André Raboud, place du Château.

Le musée de la pêche au port de Rives. Derrière, le château.

L'eau et les fleurs :
une gamme de couleurs
dont aiment jouer
les jardiniers de la ville.

Le funiculaire en service
depuis la fin du XIXᵉ siècle.

Le château de Sonnaz qui abrite le musée du Chablais.

Escaliers anciens, façades modernes : c'est à partir des années 50 que le centre-ville a changé de visage.

Le hall d'accueil de l'ancien
hôtel du Parc.

Le square Aristide Briand, les rues piétonnes et la basilique Saint-François-de-Sales.

*Deux attraits typiques
de Thonon : son marché
qui dévale l'avenue
Saint-François-de-Sales,
et le jet d'eau du Belvédère.*

L'été, les terrasses fleurissent sur le port de Rives.

La chapelle de Vongy.

Les vergers de Tully.

La Matagasse et ses chars
lors de son édition 2000.

Une ville qui aime la fête

Le monde peut bien s'écrouler, la foire de Crête aura lieu, immanquablement, le premier jeudi de septembre, qu'il pleuve ou qu'il vente, sur la place du même nom, nichée en haut de la ville. Est-ce la 522e, 523e, 524e édition ? En vérité, peu importe et à vrai dire les Thononais ne savent plus très bien. Ce qu'on sait, de toute éternité, c'est que pour rien au monde les Chablaisiens ne manqueraient ce rendez-vous. Point d'orgue de l'été, dernière transhumance avant l'automne, la foire de Crête voit converger vers la sous-préfecture toutes les vallées. Ce jour-là, les Thononais ont congé. Forains, bonimenteurs et maquignons viennent de loin, et tôt le matin, pour participer à ce gigantesque marché à ciel ouvert. On se dispute la place bordée d'arbres, les trottoirs couverts de toiles, les rues où s'écoulent un flot continu de chalands. On observe, on joue des coudes, on se croise, on marchande. On est en pays de connaissance puisque tout le Chablais s'est donné rendez-vous à Crête qui est une foire, une fête, un comice, une procession venue des origines de la cité. Crête, c'est un sommet, un jour pas comme les autres. C'est Crête !

La Matagasse, une fête un peu folle

Autre événement qui fait sortir les Thononais de chez eux sans les obliger à se déplacer ailleurs qu'en ville, ce qu'ils répugnent à faire parfois : la Matagasse, nom criard que l'on dit venir du patois local pour désigner une pie un peu folle. Folle comme la farandole endiablée qui voit Thonon se grimer, se déguiser et se donner en spectacle le temps d'un défilé qui fait oublier les derniers frimas de l'hiver. Tombée en désuétude, la Matagasse a repris son envol ces dernières années, le temps d'un carnaval qui voit s'étirer dans les rues de la ville chars décorés, travestis amusés et marionnettes hautes en couleur.

600 manifestations chaque année

La capitale du Chablais aime faire la fête comme en témoigne l'association Thonon Événements qui intervient tout au long de l'année dans l'organisation de six cents manifestations. Il y en a pour tous les goûts et pour tous les lieux. Sportifs, culturels, festifs ou ludiques, ces événements prouvent bien que Thonon est une ville active. Tous ont un point commun : être accessible au plus grand nombre, en privilégiant la plupart du temps la gratuité, pour l'amusement des habitants et l'agrément des touristes. Cette volonté de donner une âme à la ville n'a rien de factice. Les lieux s'y prêtent, en bordure de lac ou au beau milieu du patrimoine historique de la cité. La vie associative y pousse aussi, riche qu'elle est de ses 10 000 adeptes, licenciés sportifs ou adhérents culturels.

Qu'il s'agisse de la foire de Crête, de la Matagasse, ou de la fête de la musique (un des plus gros succès de l'année), les Thononais aiment descendre dans la rue et se retrouver. Le climat adouci par le lac le permet et tous les lieux de fête et de spectacle, de la cour de la Visitation au château de Montjoux, ont leur magie propre.

*Parade folklorique
et musicale devant la Maison
des Arts et Loisirs.*

Dans l'écrin de Montjoux

Restons d'ailleurs un moment à Montjoux, au bord du lac, écrin de verdure où la façade du château joue à merveille les toiles de fond, où le parc s'est montré assez grand pour accueillir scène, spectateurs, décibels et flots de lumière. Chaque année s'y déroulent depuis cinq ans les Estivalpes organisées par la Maison des Arts et Loisirs de Thonon-Évian. La spécialité de ce festival est justement de ne pas en avoir. Ouvert au monde, il écoute toutes les musiques, invite tous les groupes, propose tous les genres avec la seule exigence de plaire, de surprendre et de dépayser. Ce festival organisé à l'échelle de la Haute-Savoie, dans les plus beaux sites patrimoniaux, a trouvé à Montjoux un cadre idyllique qui séduit artistes et spectateurs.

Les saltimbanques dans la rue

Les Fondus du Macadam ne doivent rien à la gastronomie locale mais beaucoup à la volonté affichée à partir de 1996 par la Ville de sortir des sentiers battus de l'animation d'été. Pari largement réussi puisque les Fondus ont gagné en notoriété et qu'ils mobilisent un peu plus des Thononais qui entendent y prendre leur place en réalisant des décors ou en concevant des machines roulantes. Issus des arts de la rue, les Fondus du Macadam sont avant tout un festival qui mélange théâtre de rue, musique, peinture et sculpture, arts du cirque, marionnettes, parade finale et feu d'artifice. Tout ce petit monde de saltimbanques se donne rendez-vous la deuxième semaine d'août afin que le dernier jour du festival coïncide avec la date anniversaire de la libération de la ville, en 1944. Ce qui vaut aux Fondus du Macadam de se terminer par un feu d'artifice tiré depuis le lac. Le festival continuera d'ailleurs d'en faire voir de toutes les couleurs aux Thononais et aux touristes puisqu'il compte à l'avenir faire la part belle au feu, à la lumière, en un mot à la féerie.

Le calendrier des fêtes de Thonon n'oublie pas les vacanciers, vocation touristique oblige. De la mi-juillet à la mi-août, chaque journée leur réserve un programme d'animations gratuites. Accueil et présentation de la ville le lundi ; cinéma en plein air sur la plage le mardi ; spectacles et jeux pour les enfants le mercredi ; Nocturnes chablaisiennes le vendredi ; concert au port le samedi. Ce ne sont pas moins de 250 compagnies qui se produisent à Thonon chaque été !

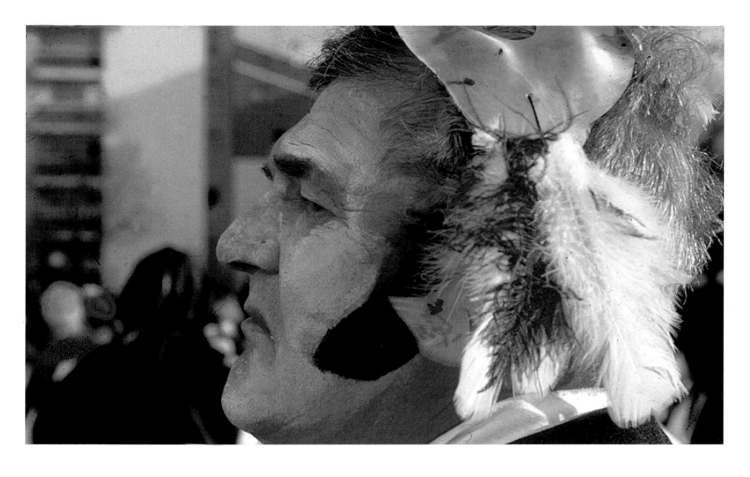

*La foire de Crête,
immuable et immanquable
rendez-vous de septembre.*

Messe à la foire de Crête
sur fond de manèges.

Crête,
une foire aux allures
de comice agricole.

On vient à la foire
de toutes les vallées
avec les plus beaux spécimens
de race d'Abondance.

Les Estivalpes
au château de Montjoux :
ambiance garantie pour
découvrir les musiques
du monde.

*Parades, théâtre, concerts :
avec les Fondus du
Macadam, le spectacle est
dans la rue.*

*Musique à flots pour
les Nuits tartares, à la
Maison des Associations.*

*Les marchés de Noël
place des Arts.*

Les Fondus du Macadam
se terminent toujours
par un feu d'artifice
qui commémore
la libération de la cité
en août 1944.

Scènes de la vie estivale
de Thonon avec les Fondus
du Macadam et les
Estivalpes.

Thonon, ville d'eau et de loisirs

Le lac et la montagne, l'eau et la neige, l'été et l'hiver, la détente et les loisirs, le repos et le sport : à Thonon, les touristes n'ont que l'embarras du choix et tous ces contrastes, qui n'ont rien de paradoxes, ne se limitent pas à de déchirantes alternatives, bien au contraire.

Chacun peut agencer son séjour en terre chablaisienne comme il l'entend. La promenade en bateau sur le Léman n'exclut pas la balade sur les sentiers du Haut-Chablais ; la cure de remise en forme aux thermes s'accommode fort bien de quelques descentes sur les pistes enneigées de Morzine ou d'Avoriaz.

Beaucoup de visiteurs apprécient donc cette diversité peu commune qui fait du tourisme la première activité économique de la ville et de la région. Une région qui souffre encore de son enclavement par rapport aux grands axes et qui continue à demander une desserte routière et ferrovière adaptée à son développement.

Il n'empêche : Thonon est devenue désormais une plaque tournante vers la montagne et ses stations de ski, et vers la Suisse vaudoise ou valaisanne et l'Italie. Entre Évian, sa voisine, et Genève, sa grande aînée, elle est parvenue ces dernières décennies à se faire un nom et à tirer profit des eaux du Léman.

Le célèbre champignon de la source de la Versoie.

Une population qui double l'été

Comblée par la nature, Thonon a dû cependant forcer son talent pour gagner ses galons de ville touristique et affronter une forte concurrence en Haute-Savoie, premier département touristique de France. La ville a mis en place une stratégie d'accueil et d'offre de services. Pour renforcer ses atouts, elle a appris à travailler avec d'autres cités réputées, comme Évian ou Yvoire. Toutes ces stations thermales et climatiques font cause commune, au nom du Chablais, pour s'imposer dans les salons spécialisés et répondre aux goûts d'une clientèle qui aime la diversité et sait se montrer exigeante.

Le tourisme à Thonon ne se résout pas à un catalogue de lieux à visiter, d'activités à choisir, de fêtes à regarder ou de services à comparer. Toute la ville s'investit, toute l'année et, tout particulièrement, pendant la saison estivale. En juillet et août, elle double sa population. Elle accueille plus de 70 000 visiteurs à l'office du tourisme. Tout le monde est sur le pont : le pont des navettes de la Compagnie générale de navigation qui sillonnent le lac ; le pont de la presqu'île qui enjambe les canaux de Port Ripaille ; le petit pont de bois qui saute au-dessus des torrents.

La clientèle touristique a bien changé. Il y a les curistes qui viennent pour trois semaines ; les fidèles qui reviennent en famille ou en couple ; les volages qui optent pour de courts séjours thématiques ou climatiques. On vient de toute la France et de l'étranger, en priorité de la Suisse pour un week-end ou une journée de ski. Cette clientèle de proximité occupe désormais une part importante dans la fréquentation de Thonon et du Chablais, et son côté volage ne l'empêche pas d'être fidèle aux charmes de la région.

Deux siècles de tourisme

Thonon n'a pas attendu la fin du siècle dernier pour se piquer de tourisme. Tout a commencé en fait un bon siècle auparavant, après 1860. L'annexion de la Savoie à la France et la visite de Napoléon III sur les nouvelles terres de l'Empire ont changé les destinées de la ville confirmée par onction impériale dans son titre et son rôle de capitale du Chablais. Les bontés de Napoléon III ne s'arrêteront pas là. Il ordonne la construction du port de Rives qui aura le mérite – les Thononais ne manquent pas de le souligner – d'être plus large que celui d'Évian. Les fondations sont posées, il faut maintenant consolider l'édifice. Tout va

alors très vite : le chemin de fer fait son entrée dans la cité en 1880. Un funiculaire téméraire relie le pont de Rives à la ville haute ; l'établissement thermal sort de terre deux ans après le captage des eaux de la Versoie en 1886. Viendront ensuite le grand Hôtel, le casino, un quai sur les rives de Ripaille et une école hôtelière. Thonon a choisi son camp, celui du développement touristique, un parti qu'adaptent nombre de villes thermales en cette fin de siècle où le tourisme fait figure de luxe et de privilège. Elle obtient en 1890 son classement en station thermale et devient Thonon-les-Bains. Sa jeune renommée attire, dans la mouvance d'Évian, une clientèle distinguée, aristocrates en famille ou riches bourgeois, amateurs d'hôtels de luxe et de villas cossues. La cité a aussi son ambassadrice : une bouteille verte étiquetée de rouge et de bleu qui vante pompeusement l'eau de Thonon, « la plus salutaire, la plus exquise des eaux de tables. »

Le renouveau des années soixante

Durant la belle saison, les touristes font bon ménage avec les paysans descendus du Haut-Chablais. Deux mondes se côtoient que Thonon se partage avec le même intérêt.

Le commerce devient florissant ; les hôtels se font plus nombreux et déjà beaucoup d'emplois dépendent des thermes et des activités touristiques naissantes. Les Thononais abordent le XXᵉ et le seuil des 6 000 habitants avec bonheur. Un bonheur que viendront ternir la première guerre mondiale, les sombres années de la grande dépression économique qui éclate à partir de 1929 et les incidences de la seconde guerre mondiale, particulièrement sensibles dans la région. Il faudra attendre le début des années 50 pour redonner plus d'éclat au pacte que la ville a signé avec le tourisme. Pour réveiller la belle endormie, les élus municipaux de l'après-guerre prennent des initiatives. En rachetant des villas, ils proposent aux promeneurs de nouveaux belvédères sur le lac. Ils mettent en chantier un nouvel établissement thermal, font construire un autre quai et aménager une plage municipale à Ripaille. Le tourisme est aussi relancé grâce à l'implantation de colonies de vacances ou de centres de séjours collectifs, grâce aussi à l'afflux d'un plus grand nombre de curistes encouragés par la décision prise par la Sécurité sociale de rembourser les cures thermales.

En 1963, l'académie de Médecine autorise l'exploitation du nouveau captage de la source de la Versoie. Une nouvelle fois, Thonon se rapproche de sa voisine Évian qui fai-

du haut en marge : *Les thermes jouent désormais la carte de la remise en forme et la détente.*

sait cavalier seul en matière d'eau minérale naturelle. La capitale du Chablais aura également son usine d'embouteillage, derrière le quartier de la Grangette. Une usine bien plus modeste certes, mais tout aussi prometteuse puisque l'exploitation en est confiée, en 1965, à la célèbre société Source Perrier.

Thonon est devenue une ville d'eau à part entière. D'eau du lac et d'eau de table, d'eau des thermes et d'eau des frontières, d'eau de jouvence et si peu d'eau de pluie tant le climat lémanique se veut propice à la villégiature. En ce temps-là, les Thononais prennent goût à d'autres eaux : celle qui, sous la forme de neige, commence à donner vie aux sports d'hiver et celle des torrents qui dévalent des montagnes, synonymes de nature et de liberté. Le lac, c'est bien ! Avec la montagne, c'est encore mieux.

Cure de jouvence

La capitale du Chablais a su négocier le tournant du tourisme moderne. Elle avait en main tous les atouts pour y parvenir. Le coup de frein brutal donné ces dernières années au thermalisme ne l'a pas fait sortir de la voie qu'elle s'est tracée. Puisque la Sécurité sociale se montre désormais chiche en remboursements et ne considère les cures que sur prescription médicale sévèrement encadrée, la ville a fait comme nombre de ses consœurs thermales : elle a décidé de jouer l'offensive en offrant séjours de remise en forme, cures diététiques ou formules sportives, tout en gardant son offre de cures reconnues pour soigner les rhumatismes, l'appareil digestif et les reins. Cette cure de jouvence, pour douloureuse qu'elle ait été, a prouvé ses premiers bienfaits dès l'an 2000. Les thermes ont fait peau neuve avec l'aménagement de bassins et de salles d'activités, avec également une gestion repensée puisque l'exploitation de l'établissement a été concédée à une société privée. Avec 1 300 curistes chaque année, le thermalisme est en phase de conquête d'une clientèle plus jeune, plus active, plus pressée aussi. Il prouve ainsi que sa réussite reste indissociable de l'histoire et de l'image de Thonon-les-Bains.

Ripaille, entre histoire et fraternité

Inépuisables sont à Thonon les buts de visite et les lieux de promenade. À tout seigneur, tout honneur : le château

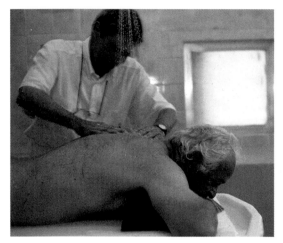

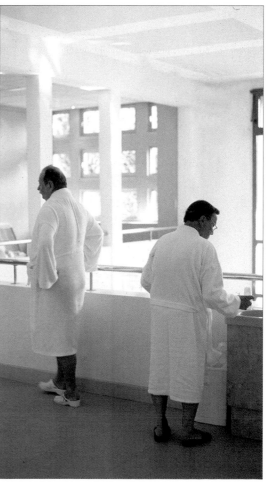

La piscine, à fleur de lac …

*… et les voiliers
à fleur d'eau.*

de Ripaille qui a le privilège de l'ancienneté. Depuis le XVᵉ siècle, il est au bord du lac comme un navire à l'ancre, avec son prieuré, ses jardins et ses vignes qui rehaussent sa majesté. Ripaille, c'est aussi un domaine au rayonnement renforcé par une fondation du même nom qui se propose, depuis 1976, de valoriser le patrimoine historique, culturel et naturel du lieu, toujours propriété de la famille Engel-Gros, aujourd'hui Necker.

Le domaine de Ripaille se distingue aussi par sa forêt de vieux chênes rouvres où chassaient jadis les comtes de Savoie. Protégés par une enceinte, les 53 hectares de forêt et de terres agricoles recèlent une faune abondante. La grande tempête de décembre 1999 a meurtri d'importance cette futaie au point qu'il a fallu interdire pendant de longs mois l'accès aux allées et à l'arboretum planté au début des années 30; en bordure du domaine. Riche d'une soixantaine d'essences savamment présentées, il offre une occasion unique de se familiariser à la culture parfois complexe des arbres.

Au fond du parc enfin, a été ouverte à l'automne 1997 la clairière des Justes, mémorial qui rend hommage aux Français qui ont sauvé des Juifs pendant la dernière guerre. But de promenade, lieu de méditation, le Mémorial a été voulu comme un symbole de fraternité: 70 arbres venus des cinq continents entourent une sculpture, œuvre d'un jeune sculpteur thononais, Nicholas Moscovitz. Un beau moment d'émotion, sur fond de dent d'Oche, sommet enneigé si cher au cœur des Chablaisiens.

Bords de lac et chemins secrets

Au-delà des murs de Ripaille, la nature continue de garder ses droits. La pinède et le parc de la châtaigneraie, à Disdille, bordent de petites plages de galets. Un sentier piétonnier longe la côte et aboutit à Port Ripaille, noyé dans la verdure que découpent en dentelle des canaux. Il faut pousser encore un peu plus loin pour accéder à la réserve naturelle de la Dranse, où des spécialistes de la nature proposent des visites qui donnent l'occasion de découvrir sa faune et sa flore. Des castors ont élu domicile dans ce delta alluvial sans cesse recomposé.

De Ripaille à l'est, à Corzent à l'ouest, les bords du lac offrent une succession de plages, de piscines, de quais et de ports qui abritent, sur cette façade toujours accessible, toutes les joies et tous les agréments des sports nautiques, de la pêche, voire de la

*Le boulodrome
un jour de compétition.*

*Le sport est à Thonon une
seconde nature.*

Canoë-kayak et rafting
sur la Dranse.

Le parapente,
une autre façon
de découvrir
la montagne,
côté Suisse.

Le lac des Plagnes
à Abondance.

La fête de l'Alpe
à Chatel.

contemplation aux différentes heures du jour. Mais il existe des chemins plus secrets pour pénétrer au cœur de la ville. Il faut se fier à leur humeur vagabonde qui conduit dans les villages de Vongy, Tully, Concise, Corzent, sur les hauteurs, dans les bois de Thonon, ou sur le site ancestral des châteaux des Allinges. Les villages de Thonon ont la réputation d'avoir chacun une identité propre, un caractère bien affirmé et un souci permanent de leur indépendance.

L'histoire les a posés aux abords de la ville depuis des siècles comme en témoignent leurs chapelles, leurs lavoirs et leurs fontaines que l'on visite en appréciant le fleurissement. Ces chapelles, parfois très anciennes comme celle de Saint-Bon, illustrent la foi solide qui animait les Thononais.

Bien dans sa peau

Côté lac, la nature ; côté ville, la culture. Une fois visité le village des pêcheurs de Rives et l'écomusée de la pêche qui s'y rattache, il suffit de monter quelques volées de marches ou de prendre le funiculaire pour aborder un autre visage de Thonon. La ville haute, comme l'appellent ses habitants. Le Thonon de la tradition, avec le musée du Chablais aménagé dans le château de Sonnaz et consacré aux us et coutumes de la région et de la batellerie. Le Thonon du patrimoine religieux avec l'église Saint-Hyppolite, de style baroque, et la basilique Saint-François qui la jouxte, le monastère de la Visitation, reconverti en centre culturel et en office de tourisme, et l'hôtel-Dieu de style toscan qui ne se laisse découvrir que de l'extérieur. Le Thonon, enfin, de la rénovation des années 1960 où le commerce a gardé ses droits, particulièrement les jours de marché où l'animation est à son comble. Les visites guidées proposées par l'office de tourisme livrent à leur manière les clés de la ville, une ville ouverte, fière de son passé et bien dans sa peau.

Mais là ne s'arrêtent pas les charmes touristiques de Thonon. Si la visite est terminée, commencent la fête et la détente. La palette des activités proposées aux touristes en fait voir toute la diversité. Du bleu du lac, qui s'anime en permanence de toutes les activités nautiques, au vert de la montagne où se pratiquent tous les sports de nature. Difficile de ne pas trouver dans cette animation débordante d'énergie de quoi occuper ses vacances.

Vue imprenable sur le mont Blanc depuis le col de Plaine-Joux.

Charcuteries et fromage pour rassasier les skieurs.

La Savoie, une barque du Léman qui a retrouvé les chemins de la tradition et les eaux du lac.

La zone industrielle de Vongy, en limite du delta de la Dranse, d'Amphion et de la route d'Évian.

Une économie prospère

La grande affaire de Thonon, c'est bien sûr le tourisme, qui constitue à lui seul la moitié de l'activité économique de la sous-préfecture. Le tourisme et ses poussées de fièvre saisonnières, bénéfiques pour l'emploi et le commerce, avantageuses pour l'image de marque de la cité. Le tourisme potion magique ? Il y a du vrai dans cette boutade puisque Thonon est « tombée » dans le lac et ses attraits il y a belle lurette. Les épouses des ducs de Savoie aimaient venir en villégiature sur les rives du Léman. Saint François de Sales vantait le mérite des eaux de la Versoie. Station climatique ducale de mémoire d'historien, Thonon est devenue au siècle dernier station thermale, une fois mise en valeur sa source et construits les premiers bâtiments de l'établissement thermal. On y venait pour prendre l'air, les eaux et du repos. La ville a jugé bon alors de faire mentionner dans son nom ces vertus thermales, comme ses illustres voisines d'Évian-les-Bains ou d'Aix-les-Bains. Nulle revanche,

nulle envie dans ce titre de Thonon-les-Bains qui marque son entrée dans la cour des grandes stations. Elle décide même de ne pas s'arrêter en si bon chemin, surtout quand il conduit vers ses rives ou à ses sources. Se fiant à la douceur de son climat tempéré par le Léman, la ville s'affiche désormais comme station balnéaire réputée, et elle s'en donne les moyens. Ainsi sont nés Rives et son port qui ne cessent de s'embellir, ses quais, ses plages, Port Ripaille et ses piscines à fleur de lac.

Station balnéaire au bord du Léman, station de ski sur les hauteurs du Chablais, Thonon joue sur les deux tableaux, sait profiter de cette manne, fait profiter chaque année de ses charmes et de ses bienfaits à près de 50 000 touristes, hôtes fidèles ou voyageurs conquis. Été comme hiver, la montagne et le lac emploient près de 5 000 personnes, dans l'hôtellerie et la restauration, les campings et les gîtes, les activités nautiques et les remontées mécaniques. Au-delà, ce ne sont pas moins de 15 000 per-

Béatrice Bouvet, sculpteur.

Vincent Doddi, cordonnier.

Daniel Boujon, fromager.

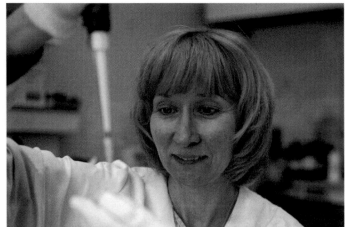

sonnes qui dépendent de près ou de loin du tourisme, premier employeur de la région, premier secteur d'activité avec, chaque année, 850 millions de francs de chiffre d'affaires. La belle affaire !

Une agriculture préservée
et des produits de choix

Thonon n'a plus à proprement parler de vocation agricole. Le temps est révolu où champs et vignes damaient le paysage au sortir de la ville. Façonnées par la Maison de Savoie, ces cultures assuraient la prospérité du lieu. Les cultures et les prés ont été grignotés au fil du temps par l'essor de la ville, par l'arrivée des premières industries liées à la houille blanche, par les routes et l'appétit dévoreur d'espaces des entreprises, des commerces et des activités liées au tourisme. Une prospérité chasse l'autre. Ne restent plus aujourd'hui des terres d'antan que les vignes du domaine de Ripaille, celles du village de Marin et quelques prés, havres de verdure, pour lais-

ser quelques fastes à une tradition qui survit alentour.

Les activités agricoles n'ont pourtant déserté ni Thonon ni le Chablais. Accrochées solidement aux terrasses et aux pentes des montagnes, elles demeurent avec le tourisme une des principales richesses des vallées et des plaines puisque les agriculteurs et les éleveurs chablaisiens, que l'on sait sages et prudents, ont su moderniser leurs exploitations.

Ce qui a été perdu en quantité a été gagné en qualité. Le cadre exceptionnel du Chablais, la mise en valeur sage de son environnement et, surtout, le privilège de disposer d'appellations d'origine contrôlée valent à ses produits une réputation de qualité appréciée des gens du cru, des touristes et des consommateurs exigeants. Le lait reste bien sûr la production locale emblématique. Lait de vache, de chèvre et de brebis. Le premier est valorisé en fromages d'Abondance ou en reblochon ; les autres prennent la forme et le goût de fromages de pays que chacun affine à sa convenance. L'industrie laitière génère de nombreux emplois. Personnels des laiteries, fromagers, affineurs et fabricants d'équipement de laiterie apparaissent

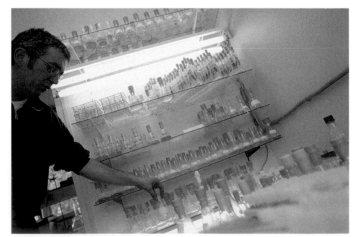

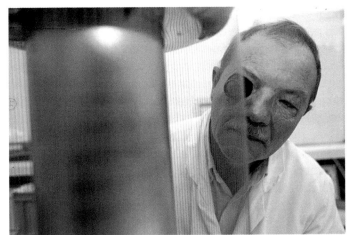

bien comme les artisans de cette réussite. À lui seul, l'Abondance fait vivre trois cents producteurs de lait, dont soixante producteurs de fromage fermier, et une trentaine d'ateliers de transformation et d'affinage. Si le nombre d'exploitations a eu tendance à se réduire, ces dernières années, leur taille a, elle, augmenté. Les Chablaisiens savent s'adapter. Paysans matin et soir, ils sont devenus par la force des choses moniteurs de ski ou employés de stations pendant la journée. Cette double activité vaut d'ailleurs comme un trait commun à toutes les vallées alpines.

Entre les eaux du Léman et les alpages du Chablais, on découvre encore des champs, ceux de la plaine du Bas-Chablais qui a vu s'étendre les cultures maraîchères destinées aux marchés locaux et pousser les céréales. Une partie de la production céréalière finit en farine spéciale pour composer la Chablinette, un pain du pays dont la pâte a été pétrie de concert par les agriculteurs, les minotiers et les artisans boulangers à la recherche d'un produit savoureux qui puise dans les traditions gastronomiques du terroir. Au même titre que les framboises, les myrtilles,

les groseilles et les cassis, fruits rouges que l'on cueille délicatement à Loisin, Machilly ou Ballaison.

Thonon a eu la sagesse de conserver une bonne partie de son vignoble. Il fait partie du paysage et de la gastronomie locale. On accompagne les poissons du lac d'un vin de Ripaille, blanc et sec, ou d'un blanc de Marin dont les saveurs ne font cependant pas oublier le Crépy et le Marignan, autres victoires des producteurs du cru.

Pour modeste qu'elle soit avec ses 160 000 bouteilles sorties de Ripaille ou ses 800 hectolitres récoltés à Marin, la production viticole vaut aux Thononais beaucoup de fierté et une certaine tendresse pour ces vins qui distillent, si on en abuse, quelques grains de folie.

La pêche, une tradition reconnue et préservée

Laissons-nous aller jusqu'aux rives du lac d'où s'éloigne chaque jour une cinquantaine de pêcheurs. Les eaux du Léman, capables de traîtrise, n'ont pas de secret

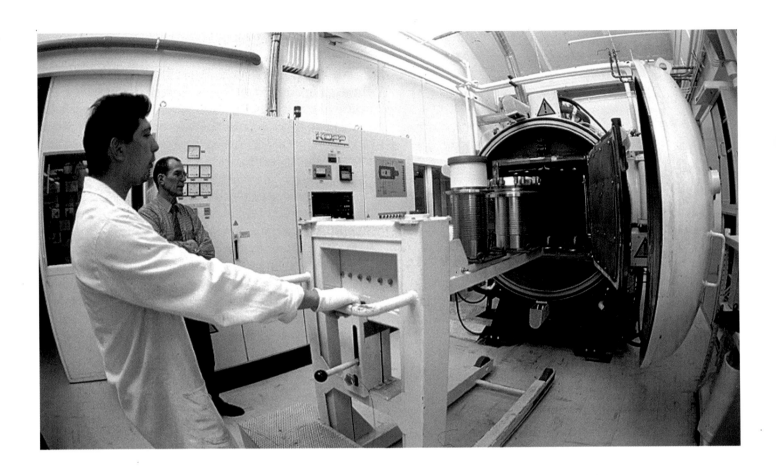

*Thales est leader
sur le marché mondial
des tubes électroniques.*

*Valfond fournit entre autres
l'industrie automobile.*

industrielle de Vongy qui occupe aujourd'hui 30 hectares et jouxte le site d'embouteillage des eaux d'Évian, implanté à Amphion.

Aux meilleures places en Rhône-Alpes

L'industrie thononaise compte d'autres pôles d'excellence comme Thales Electron Devices, fabricant de tubes électroniques, intégré au groupe Thomson. L'entreprise installée à Vongy depuis 1963 emploie près de 500 personnes et se distingue par ses technologies de pointe. Elle s'est affirmée comme le leader mondial des tubes électroniques de puissance. Sa proche voisine, Valfond, fait aussi partie depuis longtemps du paysage économique de Thonon grâce à sa spécialisation dans le travail des métaux et ses presque 300 salariés. Reste bien sûr la Société des eaux minérales de Thonon qui a vu sa production grimper durant ces dernières décennies.

Une petite cinquantaine d'entreprises de plus de 10 salariés ; 1750 emplois dans l'industrie ; autant dans le commerce, trois fois plus dans les services : Thonon et ses alentours font preuve d'une belle vitalité économique qui leur permet de pouvoir compter sur 13 000 emplois. Une population jeune et active qui s'affiche, grâce à sa qualification, aux meilleures places de l'économie en Rhône-Alpes. Le tissu industriel est fort, divers, familial et réactif, même si les principales entreprises de la place appartiennent à de grands groupes. Cet espace économique figure avec le Chablais parmi les champions de la création d'entreprise en France, particulièrement dans les domaines de l'hôtellerie et de la restauration. Ces performances, Thonon et sa région les doivent à l'esprit d'initiative des Chablaisiens mais aussi aux actions menées par le service développement économique de la ville et par l'association Chablais Initiatives.

Veka fabrique des fenêtres en PVC.

Thonon a su renforcer aussi le potentiel commercial qui, de tout temps, a vu converger vers lui les populations environnantes. À la sortie ouest de la ville, la zone artisanale et commerciale de Marclaz regroupe sur 13 hectares nombre d'enseignes. Au total, toutes surfaces cumulées, Thonon représente le tiers de l'offre commerciale du Chablais.

La Suisse à deux pas

Ce panorama économique ne serait pas complet sans l'économie transfrontalière, véritable manne pour le Chablais et pour les 7 000 personnes qui partent chaque jour travailler en Suisse, tout particulièrement à Genève et à Lausanne. Un frontalier sur trois habite à Thonon. La Suisse constitue, après la capitale du Chablais et les stations de Morzine, Avoriaz et Châtel, le troisième pôle d'emploi du bassin lémanique et l'économie transfrontalière représente un baromètre fiable de son dynamisme. Ralenti au début des années quatre-vingt-dix par la crise économique, l'emploi frontalier a terminé la décennie au beau fixe.

Désormais, Suisse et France travaillent à des accords bilatéraux qui garantiraient le libre accès au marché du travail suisse. L'influence bénéfique des cantons de Genève, Vaud et Valais ne s'arrête pas là. Donneurs d'ordre auprès des entreprises de sous-traitance et des artisans du Chablais, les Suisses prouvent qu'ils sont aussi des consommateurs attentifs qui apprécient le commerce local et ses prix attractifs.

Vers un pôle universitaire

L'avenir de Thonon passe enfin par ses établissements scolaires et universitaires. Avec six lycées (deux d'enseignement général et quatre d'enseignement professionnel), un centre de formation des apprentis et une école d'infirmières, la ville reçoit une population de 3 500 élèves. Mais elle a voulu aller plus loin en revendiquant sa place dans la carte régionale de l'enseignement universitaire. Les formations supérieures qu'elle accueille sont directement en prise avec les réalités géographiques et économiques de la cité : DEUST praticien de l'eau, en lien avec le Centre de recherches géodynamiques rattaché à l'université Pierre et Marie Curie (Paris VI), BTS pour le tourisme, l'hôtellerie et les services, BTS aussi dans le domaine médical. Sans oublier l'Institut national de recherche agronomique qui emploie sur place une quarantaine de chercheurs. La ville entend bien d'ailleurs conforter ce pôle enseignement supérieur en bénéficiant de nouvelles filières universitaires.

La pisciculture de Thonon installée quai de Ripaille.

Le lycée hôtelier : élèves et
professeur réunis autour
de la célèbre rotonde.

Les pêcheurs du lac :
avant tout des professionnels
qui perpétuent une
tradition familiale.

*Ombre et fraîcheur à la foire
de Larringes.*

Les riches heures du Chablais

La dent d'Oche depuis Bernex.

À l'époque glaciaire, le Chablais n'est encore qu'une toundra, où poussent péniblement des graminées, des pins et des bouleaux. Dans un tel environnement, il n'est que les mammouths pour se développer, ces mammifères étant exclusivement herbivores.

On a longtemps cru que le changement brutal du climat avait entraîné la mort de l'espèce. Les dernières découvertes, en Suisse notamment, permettent de penser que les mammouths se sont adaptés aux nouvelles conditions climatiques, modifiant leur structure de géants au fil du temps pour devenir en quelque sorte nains. Les derniers d'entre eux vécurent probablement entre – 7 000 et – 3 500 avant J.C.

Témoignage de ces temps reculés, la défense de mammouth trouvée à Bellevaux, en 1885, et exposée au musée du Chablais à Thonon.

Le pied marin

À partir de – 10 000 avant J.-C., le réchauffement de la planète fait sortir les premiers hommes de leurs cavernes ; d'abord pour chasser, les mammouths en particulier au point de faire disparaître l'espèce, puis pour s'installer sur les rives des lacs, dans des villages entourés de parcs à bestiaux (sangliers, chèvres, moutons et bœufs) et de plantations d'orge, cultures réalisées sur les forêts défrichées. Ces cités lacustres n'avaient pas toutes les pieds dans l'eau – comme le montre une gravure ancienne du Musée d'art et d'histoire de Genève –. Sur les bords du Léman, les habitations étaient en bordure de la rive. Les hommes s'aventurent sur les eaux dans des barques monoxyles, dont un vestige a été découvert, en 1877, à Morges.

Deux civilisations apparaissent vers – 4 000 avant J.-C. :

Les Lindarets, le village des chèvres.

méridionale à Chassey, septentrionale à Cortaillod. La civilisation de Cortaillod se caractérise par un certain type de poterie, par la forme de ses flèches en pierre polie et par les sépultures collectives dans des coffres de pierre. À Sciez, le musée de la Préhistoire présente un panorama de la civilisation lacustre dans les Alpes du Nord en France et en Suisse.

Allobroges et suivants...

À l'âge du fer, les populations autochtones s'appellent Allobroges. Comme le niveau des eaux est descendu, on reconstruit les villages plus près du rivage. Mais les siècles qui suivent sont ceux d'un refroidissement climatique : l'humidité conduit à l'envahissement des territoires peuplés depuis le néolithique par les eaux du lac, les hommes refluant sur les plateaux.

En 121 avant J.-C., les armées romaines défont les Allobroges et s'emparent du Chablais, qui constitue une partie de la province de Sapaudia (future Savoie). Les conquérants organisent un réseau d'échanges commerciaux, et un bourg apparaît, qui devient un carrefour routier et économique : l'ancêtre de Thonon. Des ports sont créés sur le lac, à Thonon, Genève, Lausanne et Nyon, et la batellerie s'organise : on parle des *nautae lacus Lemmani*.

Au IVe siècle, les Romains sont attaqués par les barbares. Les Alamans d'abord – ce qui pousse les populations à déserter les villes et à gagner les forêts – puis les Burgondes, en 443 après J.-C. Norvégiens d'origine, ils se

Intérieur de la chapelle de Bernex.

Les magnifiques fresques de Giacomo Jacquerio illustrant la vie de la Vierge dans le cloître d'Abondance.

convertissent au christianisme : le roi Sigismond favorise l'essor de l'oratoire d'Agaune, devenu en 515 l'abbaye Saint-Maurice.

Nouvelle donne en 534. Les Francs de Childebert, Clotaire et Thierry attaquent le roi Godomar III. La dynastie mérovingienne prend possession du vicus gallo-romain. C'est une période sombre pour le Chablais, totalement désorganisé sur le plan administratif. En outre, un glissement de terrain provoque, en 563, un raz-de-marée sur les rives du Léman…

L'annexion du royaume de Bourgogne transjurane au Saint Empire romain germanique, au XIe siècle, permet le retour à un ordre relatif. Désormais, les maîtres du Chablais sont les Humbertiens, fondateurs de la Maison de Savoie. Ce sont eux qui vont reconstruire la ville de Thonon.

La féodalité repose autant sur la religion que sur la force militaire. Vers 1095, une délégation de l'abbaye bourguignonne de Molesmes fonde un prieuré à Aulps, dans le Haut-Chablais ; après avoir pris son indépendance, les moines de Saint-Jean d'Aulps (dont Guy de Langres et Guérin de Pont-à-Mousson) s'affilient aux cisterciens. Bernard de Clairvaux vient les visiter en 1135.

Trois ans plus tard, l'abbé d'Aulps est élu évêque de Sion. Très pieux et aimé, il meurt en odeur de sainteté, et il est invoqué par les populations pour la protection du bétail ; aussi, à sa mort en 1150, l'abbaye d'Aulps devient un centre de pèlerinage. L'église et le cloître ne sont achevés qu'au XIIIe siècle, notamment grâce aux subsides du comte Humbert III de Savoie. Puissamment dotée, très réputée, l'abbaye d'Aulps entre en décadence dès lors qu'y est instituée la commende (exercice de l'autorité abbatiale à distance), en 1468.

À la fin du XIIe siècle, des moines s'installent dans le val d'Abondance. L'abbaye cistercienne devient l'un des centres religieux les plus importants d'Europe. Au XVe siècle, un artiste piémontais Giacomo Jacquerio décore le cloître de splendides fresques sur le thème de la Vie de la Vierge.

Au Moyen Âge, le Chablais se dote de châteaux, d'abord de bois puis de pierre. Aux Allinges, le Château-Vieux et le Château-Neuf – dont la chapelle fut peinte à fresque dès le XIe siècle – sont des enjeux importants pour les comtes de Savoie et de Faucigny. Le château de Langin, surveillant la route de Genève à Thonon, est construit en ovale, avec une double ceinture de fossés. À Chens-sur-Léman, en surplomb du Léman, les constructeurs du château de Beauregard (XIIIe siècle) adoptent le plan

polygonal, avec cour intérieure et tour en éperon. Cent ans plus tard, le petit port attenant sert de base d'opérations dans les guerres qui opposent le comte de Savoie au comte de Faucigny. Du XIIIe siècle aussi date le château de Larringes, quadrilatère minéral proche de l'architecture toscane, doté d'une tour haute à l'époque de 18 mètres. L'esprit est similaire chez les constructeurs du château de La Rochette, à Lully.

À la même époque s'édifie le château d'Avully, à Brenthonne, sur un plan quadrilatéral, avec pont-levis et logis seigneurial. Même plan à Brens, où les fortifications sont flanquées de tours rondes. Même plan encore à Coudrée, où la puissante famille d'Allinges remanie le château au cours des siècles, à l'époque où elle entreprend la construction du château de Thuyset, aux portes de Thonon. À Yvoire, le château domine le bourg, fortifié au XIVe siècle.

Outre la pierre, l'eau s'offre comme un autre outil de défense. Les ports aussi sont militarisés, certains créés même spécialement pour ravitailler les bateaux de guerre,

dans les conflits qui opposent les Savoie aux comtes de Genevois et aux sires de Faucigny.

La terre sainte

Enjeu pour les catholiques autant que pour les protestants, le duché de Chablais est démembré en 1564-1569, suite aux traités signés avec les Bernois et les Valaisans. Les comtes de Savoie perdent le Pays de Vaud et le Valais occidental, la frontière passant désormais à Saint-Gingolph. Le château de Langin est démoli, sur ordre du Conseil de Genève, et celui de La Rochette brûlé, tout comme la flottille de guerre du duc Charles-Emmanuel, mouillée à Ripaille… Dès lors, la Maison de Savoie ne dispose plus que d'une rive du Léman, ce qui freine le trafic portuaire et le circonscrit aux échanges régionaux.

À Réforme, contre-Réforme. François de Sales, seigneur de Brens, évêque de Genève puis d'Annecy (1567-

Chapelle et val d'Abondance.

1622), multiplie les incursions en terre païenne (les campagnes) et les missions. Outre Thonon, objet de tous ses soins (cérémonie des 40-Heures, création de la Sainte-Maison, utilisation de l'imprimerie), l'Apôtre du Chablais ramène l'unité confessionnelle dans le territoire et développe le monachisme. Les ordres religieux sont les principaux propriétaires fonciers, devant la noblesse, puissamment représentée par la famille d'Allinges, véritables podestats locaux.

Furia francese

Dès le XVIIe siècle, les redoutables voisins français envahissent le Chablais. En 1630-1631, en 1690-96, en 1703-1713, les armées des Bourbons ravagent le pays.

Mais c'est en 1792 que commence la plus durable et la plus féconde des occupations françaises, avec l'entrée des troupes révolutionnaires commandées par le général Montesquiou. La Savoie est rattachée à la France, qui

forme deux départements : le Mont-Blanc et le Léman, dont Thonon devient la sous-préfecture. Et après lui le proconsul Albitte, allergique aux tours d'églises et de clochers (qui volent sous les pics des démolisseurs). La suppression des ordres religieux proclamée en France dès 1790 est étendue à la Savoie : les cisterciens d'Aulps sont dispersés.

La tentative de déchristianisation, qui recourt à l'exécution des prêtres, se heurte à la résistance des populations et aux agissements de nouveaux apôtres du Chablais, dont l'abbé Bouvet, « oncle Jacques » pour les habitants, qui le cachent et le soutiennent...

Le désordre complet qui caractérise la période révolutionnaire est suivi d'une prise en main énergique par l'administration napoléonienne. Mais les guerres successives et la conscription, puis l'occupation autrichienne en 1814-1815, détachent les populations de Napoléon et de la France. Elles se soumettent au rattachement avec le royaume de Piémont-Sardaigne.

Pour autant, l'italianisation du royaume des Savoie, au cours du XIXe siècle, déplaît aux populations. Sous l'influence des élites, la nostalgie de l'époque française pousse à la francisation. Après d'âpres luttes avec Genève, et malgré les réticences de Napoléon III, le Chablais passe, avec le reste de la Savoie, dans l'escarcelle impériale, comme récompense de l'aide militaire à l'unité italienne.

Typique du second Empire est le château de Thénières (à Bellaison), néo-gothique digne de l'imagination de Walter Scott ou de Victor Hugo, construit par les descendants du général-comte de Boigne.

À voile et à vapeur

Née au Moyen Âge, la batellerie lémanique se développe avec l'ouverture des carrières de Meillerie et du Locum qui, sous la IIIe République, compte jusqu'à 600 ouvriers. Les barques transportent les pondéreux (jusqu'à 300 tonnes de sable, gravier et bois !) nécessaires à la construction immobilière...

Forts d'une activité permanente, les ports savoyards (dont celui de Rives, à Thonon) voient la création d'un type d'embarcation particulier, les « barques du Léman ». Descendantes des galères médiévales par leur structure, les nau lémaniques, construites à Thonon et Saint-Gingolph à partir des essences locales (sapin, chêne, mélèze et épicéa, tilleul), adoptent au XIXe siècle une double voilure égale, qui leur donne un air de chauve-souris à l'arrêt... Ces lourds navires affrontent les caprices de

La foire de Larringes.

Le comice agricole
d'Abondance,
le rendez-vous
des Chablaisiens.

Sa Majesté le lac, la « bise noire » provoquant des vagues de plusieurs mètres et le Joran, vent de sud-ouest, déchaînant la tempête…

Les chantiers de Genève-La Belotte, Saint-Gingolph et Meillerie-Le Locum sont des affaires familiales que dirigent les Brocard, Derivaz et Jacquier. Elles emploient des charpentiers locaux jusqu'en 1938. Les forgerons réalisaient la clouterie, et le calfatage nécessitait l'emploi du chanvre et du goudron de houille.

Seigneurs du lac durant toute la moitié du XIXᵉ siècle, les bateliers sont 150 à se partager la tâche. Ils s'unissent aux ouvriers carriers pour former une fédération commune, en 1894. Mais l'union ne résistera pas à la grande grève de 1898.

Dans l'entre-deux-guerres, le chaland motorisé fait son apparition. Plus maniable et rapide que les barques à voile (9 km/heure de moyenne), il les détrône rapidement, et à la veille du second conflit mondial, carrières et chantiers ferment leurs portes. Aujourd'hui, ce passé laborieux est évoqué au musée des Traditions et des barques du Léman, à Saint-Gingolph.

Signalons aussi que l'annexion française avait permis la construction d'un chemin de fer, inauguré en 1880. Que dire des routes !

Un terroir contrasté

Le Léman est la plus grande réserve d'eau douce d'Europe (58 000 hectares). Grâce aux activités thermales et touristiques, la densité de population est très importante, de Thonon à Lugrin, en passant par Amphion, Évian et Maxilly. Les rives du lac connaissent même la saturation.

Le pays de Gavot, aux portes de Thonon, bien exposé au soleil, est d'abord une contrée de vignoble, cultivée en hautains (culture très ancienne utilisant les arbustes comme tuteurs pour les ceps). Les vendanges sont ainsi une curiosité touristique puisqu'on travaille sur des escabeaux ! Le peuplement est dispersé en villages (Champagne, Larringes, Saint-Paul-en-Chablais, Vonzier, Féternes…), que séparent des alpages et des étangs.

Le Val d'Abondance présente d'abord des gorges accidentées (dites de la Dranse), que dominent les « demoiselles coiffées », puis un cirque (à Bioge). À partir d'Abondance, les sommets sont plus altiers, le climat montagnard.

Le pays du Haut-Lac (Thollon-les-Mémises), en limite de falaises, présente une nature plus sombre et humide toujours à l'ombre.

La montagne depuis les pistes de Chatel.

Morgins, en Suisse.

Chatel.

Morzine.

Avoriaz.

« Là-haut sur la montagne... »

Il y a de beaux chalets... On ne peut pas dire que le Chablais ait engendré un unique type de construction et au fil des vallées, les matériaux, les lignes diffèrent.

Dans les villes (Évian, Douvaine, Thonon), l'influence suisse est perceptible tandis que, en bordure du lac, les maisons de pêcheurs ont des airs d'Italie.

La maison de montagne est un mélange de pierres (pour la base, partie habitable) et de bois (pour l'étage, qui abrite la grange et le balcon), possédant jusqu'à trois étages de haut, selon les secteurs.

Rien de plus différents que les chalets de Morzine (curieux de toiture), ceux du pays de Gavot (d'aspect jurassien) et ceux du Val d'Abondance (les plus grands). Pas de lauzes grossières sur les toits des chalets.

Jusqu'en 1986, on utilisait principalement l'ardoise de Châtel et de Morzine, fine et blanche.

Les ardoisières ont malheureusement fermé leurs portes suite à un éboulement récent.

Divers et pittoresques, les chalets sont la marque du paysage chablaisien, que l'urbanisme moderne a su respecter.

Le moteur du développement local

Le XIXe siècle connaît encore l'émigration des Savoyards. Les Chablaisiens s'en vont à Paris jouer les manœuvres ou les ramoneurs, mais aussi sur les routes se faire colporteurs. Certains vont même jusqu'en Argentine !

Le thermalisme, brillamment représenté à Thonon et Évian, est lié à la Belle Époque. La crise de l'entre-deux-guerres fut heureusement enrayée en 1945, par l'institution de la Sécurité sociale qui garantit le remboursement des cures. Aujourd'hui, la vogue de la remise en forme attire une nouvelle clientèle. Source de richesse locale, le Léman est l'objet de toutes les attentions.

Pays de montagnes, le Chablais a pu travailler le filon de « l'or blanc ». Le ski fait d'abord connaître Morzine (premier téléphérique en 1934) puis Avoriaz, création ex-nihilo autour d'une remontée mécanique, réussite architecturale d'autant plus exemplaire qu'elle date des années 1960 et de l'époque du tout-béton. Elle offre mille kilomètres skiables, qui attirent les sportifs et, depuis quelques années, les cinéphiles, en raison du festival du film fantastique.

Victoire du tourisme, miracle des loisirs : le Savoyard n'a plus à quitter son pays pour vivre, c'est à lui qu'on vient et le Chablais est aujourd'hui une zone économique florissante.

L'ancienne buvette de la source Cachat à Évian.

Évian, les bords du lac et le port.

Yvoire et son château.

La Forclaz.

Saint-Gingolph,
au bout du lac.

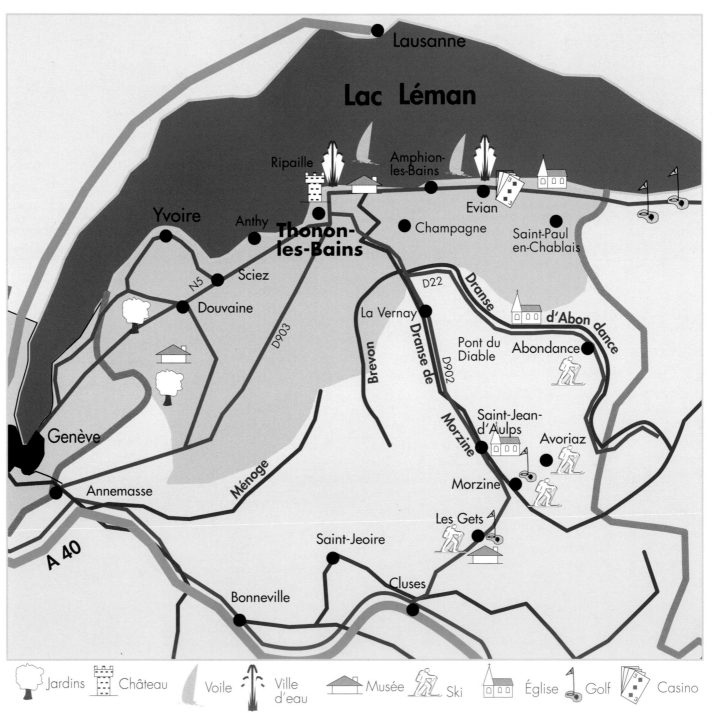

Lausanne

Lac Léman

Ripaille

Amphion-
les-Bains

Yvoire

Anthy

**Thonon-
les-Bains**

Evian

Champagne

Saint-Paul
en-Chablais

Sciez

N5

D22

Dranse

Douvaine

La Vernay

d'Abon dance

D903

Brevon

Dranse de

Pont du
Diable

Abondance

Genève

Morzine

D902

Saint-Jean-
d'Aulps

Avoriaz

Annemasse

Ménoge

Morzine

A 40

Les Gets

Saint-Jeoire

Cluses

Bonneville

🌳 Jardins   🏰 Château   ⛵ Voile   Ville d'eau   🏠 Musée   ⛷ Ski   ⛪ Église   ⛳ Golf   🃏 Casino

Détail des sculptures figurant sur la galerie à colombages du château de Bellegarde

Index

Chaux, dans la vallée d'Aulps. La construction de l'église et du monastère débuta au siècle suivant. Utilisant le voûtement sur croisée d'ogives, les cisterciens élevèrent une abbatiale, à la façade ornée d'une sobre rose et à la nef caractéristique du style romano-gothique, qui superpose grandes arcades, triforium et fenêtres hautes.

En 1790, la foudre tombait sur l'abbaye. En 1793, la Révolution chassait les moines. En 1824, les pierres étaient utilisées pour reconstruire l'église du village, détruite par un incendie.

Seuls vestiges de l'abbaye, la façade, le portail et le mur nord ont été classés monuments historiques en 1902. En cours d'aménagement, la ferme de l'abbaye devrait abriter l'Ecomusée de la vallée d'Aulps.

curieux. De nombreux amateurs s'attachent à reconstituer des pans de l'histoire locale. Certains ont, par exemple, dressé les plans de la première enceinte fortifiée de la cité, à l'aide de la *Mappe sarde* du XVIIIe et du *Theatrum Sabaudiae*.

Amédée VIII (1381-1451)

Considéré comme l'un des plus grands souverains de son temps – et le véritable créateur de l'État savoyard –, Amédée VIII, dit Le Pacifique, a élevé la Savoie au rang de duché en 1416.

Fils d'Amédée VII, comte de Savoie,

Abondance (race)

Les alpages de la vallée d'Abondance ont favorisé le développement d'une race bovine locale, d'une belle couleur brun-rouge. Reconnue en 1894, la race Abondance est présente aujourd'hui dans treize départements français, essentiellement en Rhône-Alpes et dans le Massif Central. Au total, le cheptel compte plus de 150 000 têtes de bétail.

Rustique et adaptée aux climats rudes, elle est considérée comme "la laitière" des zones de montagne. Son lait est utilisé pour la fabrication de divers fromages AOC : reblochon, beaufort, tomme, emmental de Savoie et abondance.

Abondance (fromage)

Dès le XVe siècle, l'abbaye d'Abondance a popularisé son fromage auprès du Duché de Savoie. Fabriqué en alpage l'été, au village l'hiver, le fromage d'abondance a obtenu l'appellation d'origine contrôlée en 1990.

La fabrication d'1 kg de fromage exige environ 10 litres de lait cru (de vache de race Abondance). Moulées dans un cercle concave, les meules doivent peser de 7 à 10 kg et porter une étiquette fermière bleue.

Fromage à pâte souple et onctueuse, de couleur ivoire, l'abondance a une saveur franche et fine, qui laisse en bouche un goût légèrement amer et doux. Il entre dans la composition de nombreux plats : croûte au fromage, fondue savoyarde...

Recette du Chablais, le berthoud (fines lamelles d'abondance frottées à l'ail, arrosées de madère ou d'un vin blanc de Savoie, puis gratinées 5 à 10 mn au four) se déguste avec du pain et des pommes de terre, et un vin blanc local, marin ou ripaille.

Abbaye d'Aulps

Important site cistercien, l'abbaye Sainte-Marie des Alpes s'élève au-dessus de la route menant à Saint-Jean-d'Aulps.

À la fin du XIe siècle, deux moines bénédictins, venus de Bourgogne, s'installaient au pied du rocher de la

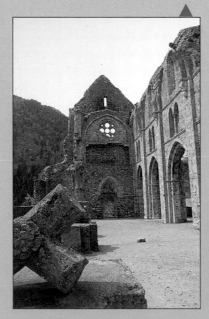

Académie chablaisienne

Fondée en 1886 par Amédée de Foras, soutenu par quelques érudits, l'Académie chablaisienne a pour vocation d'étudier les questions historiques, archéologiques, littéraires, artistiques et scientifiques qui ont trait à la Savoie et, en particulier, au Chablais.

Réunissant aujourd'hui quelque 280 membres, cette société savante met l'accent sur la préservation et la valorisation du patrimoine local. Tous les deux ans, elle publie un tome de ses « Mémoires et documents ».

Le mercredi après-midi, à l'ancienne Visitation, l'Académie ouvre sa bibliothèque, riche d'un fonds d'environ 6 000 ouvrages, aux visiteurs et lecteurs

Amédée VIII régna dès l'âge de 10 ans, par son mariage avec Marie de Bourgogne. À sa majorité, il revint s'installer, avec son épouse, à Ripaille, où l'ancienne résidence familiale était d'autant plus opportune qu'elle lui permettait de surveiller le Genevois, acquis en 1401. Homme de paix, à la personnalité profonde et mystérieuse, Amédée VIII a contribué à faire cesser la guerre de Cent Ans et régner l'accord entre les peuples.

En 1410, il fondait à Ripaille un prieuré de chanoines réguliers de Saint-Maurice. Puis, en 1434, quelque peu lassé du pouvoir, il se retirait, avec six de ses conseillers, dans le nouveau château aux sept tours qu'il avait fait édifier, et y créait l'Ordre des chevaliers de Saint-Maurice, dont il devenait le prieur.

Mais, dans sa retraite, il ne renonça pas totalement à s'occuper des affaires de l'État. Élu ensuite souverain pontifical par les pères du Concile de Bâle, pour ses qualités diplomatiques et sa parenté avec les familles régnantes d'Europe, il quittait Ripaille pour devenir le pape Félix V. Dix ans plus tard, il abdiquait, se faisant nommer cardinal de Sabine. À son décès, en 1451, il était évêque de Genève.

Anna de Noailles (1876-1933)

Femme de lettres, la comtesse de Noailles, née Anna Elisabeth de Brancovan – famille des princes de Valachie –, a vécu une enfance heureuse, entre Paris et le chalet d'Amphion, au

bord du lac Léman. La villa familiale des Brancovan, que fréquentait l'élite intellectuelle de l'époque, tient son nom de la Bessarabie, région de l'actuelle Roumanie où régnèrent les ancêtres d'Anna.

Trois romans, une autobiographie, des recueils de poèmes ont fait la renommée d'Anna de Noailles, aristocrate républicaine, dont l'œuvre est nourrie d'un grand amour de la nature et du romantisme. Élue membre de l'Académie royale de Belgique et Grand prix de littérature de l'Académie française, Anna de Noailles était de santé fragile et dut passer les vingt dernières années de sa vie alitée.
Elle est inhumée au cimetière du Père

Lachaise à Paris mais, pour les Chablaisiens, c'est bien à Publier que son cœur repose.

En sa mémoire, un petit monument a été érigé à Amphion et un lycée porte son nom à Évian.

Avoriaz

Au cœur de l'immense domaine skiable des Portes du Soleil, qui réunit douze stations franco-suisses, Avoriaz est né dans les années 60, de la volonté de Jean Vuarnet, enfant célèbre du pays, champion olympique de descente à ski.

Avec le partenaire immobilier Gérard Brémond et l'architecte Jacques Labro, il définit les grandes lignes d'une station avant-gardiste, sans voitures, qui s'élèvera sur un plateau d'alpage, à 1 800 m d'altitude. Soucieuse de modernité, Morzine dotait aussitôt sa "petite sœur" des équipements les plus sophistiqués. Avoriaz et le domaine skiable grandirent. Avec son architecture novatrice, ses escarpements, ses toits de cèdre rouge, la station cherchait à recréer l'illusion de la nature. Le succès ne se fit pas attendre, renforcé par l'accueil du Festival international du film fantastique.

Comme bon nombre de stations intégrées, Avoriaz s'est inscrite avec force dans son site d'altitude et a su évoluer avec sa clientèle. Aujourd'hui, le domaine skiable géré par la SERMA (Société d'exploitation des remontées mécaniques d'Avoriaz) compte 150 km de pistes tracées, de 1 100 m à 2 227 m d'altitude.

Fidèle à son image d'avant-garde, la station joue la carte de la multi-activité. Elle a su prendre la vague des nouvelles glisses, en aménageant un snowpark, et séduire les familles, avec notamment le Village des enfants d'Annie Famose. Le Club Méditerranée s'y est également installé.

Basilique Saint-François

En 1869, Thonon décidait la construction d'une imposante cathédrale aux deux clochers. Débutés en 1889, les travaux durent s'arrêter en 1894, en raison de difficultés financières. Resté inachevé, l'édifice fut réquisitionné par l'intendance militaire, de 1914 à 1918, et affecté au dépôt des fourrages de l'armée. Au lendemain de la guerre, la ville louait les collatéraux de la bâtisse.

Les travaux reprirent en 1924, grâce aux appels à la générosité lancés par le chanoine Chaumontet, et à l'organisation de quêtes et kermesses.

Ouverte au culte le 30 novembre 1930, la nouvelle église Saint-François de Sales, accolée à l'église Saint-Hippolyte et ornée d'un seul clocher, était élevée au rang de basilique le 8 juillet 1993. Les deux édifices religieux vivent une originale cohabitation architecturale : baroque d'un côté, néogothique de l'autre. L'artiste Maurice Denis a peint les fresques et le chemin de croix.

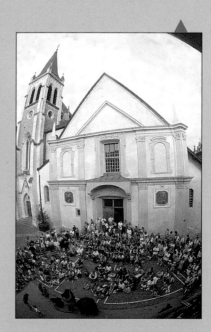

Batteur d'or

Parmi la centaine de batteurs d'or qui exercent encore dans le monde, figure un Savoyard : Bernard Dauvet, qui incarne la cinquième génération d'une lignée au destin lié à cet ancestral métier.

L'entreprise familiale est née en 1834. Pour que vive et progresse le battage d'or, les Dauvet s'y consacrent de père en fils, dans le respect de la culture des doreurs d'or. À la Renaissance, on savait déjà fabriquer une feuille d'or parfaite. Au XXIe siècle, à l'heure du battage mécanique, Dauvet SA cherche à concilier la productivité et la tradition.

Aujourd'hui, la maison Dauvet produit de l'or de diverses couleurs, en feuilles, poudre, paillons ou en vrac, pour des clients tels que des doreurs sur bois, ferronniers, gainiers d'art, graveurs, iconographes, porcelainiers, verriers, pâtissiers… Elle emploie 28 salariés et son chiffre d'affaires s'élève à environ 10 millions de F, dont 27 % à l'export, essentiellement vers l'Angleterre et l'Espagne.

L'entreprise travaille aussi le platine, l'argent, le palladium et l'or gris. Son "or Régence" a été choisi pour les résidences royales d'Arabie Saoudite. À l'actif de ses créations également : l'or du Dôme des Invalides à Paris, du Shakespear's Globe Theater à Londres, de la flamme de la statue de la Liberté à New York, des dômes de l'église orthodoxe de Genève, du Signal à Chamonix.

Bonne de Bourbon

C'est Bonne de Bourbon, descendante de Saint-Louis et belle-sœur du roi de France Charles V, qui éleva Ripaille au rang de résidence princière. Séduite par le site, où elle s'installait après son mariage avec le comte de Savoie Amédée VI en 1355, elle fit agrandir et rénover l'ancien château. En 1377, une seconde campagne de travaux apportait confort et commodités : cuisines, four à pâtisserie, larderie, bouteillerie, système de puits et canalisations amenant l'eau courante, vaste salon aux grandes fenêtres… Jusqu'à 300 personnes et près de 200 chevaux pouvaient loger dans cette nouvelle demeure, d'où la Cour pouvait à la fois diriger l'administration de l'État et se livrer aux réjouissances et aux fêtes traditionnelles.

Soupçonnée de l'empoisonnement du Comte Rouge en 1391, Bonne de Bourbon s'exilait à Mâcon, où elle décédait en 1403. Depuis, le château de Ripaille a connu maintes transformations.

Centre de recherche géodynamique (CRG)

Implanté en 1957, sur l'avenue de Corzent, le Centre de recherche géodynamique, alors unité de la faculté des sciences de la Sorbonne, est aujourd'hui rattaché à l'Université Pierre et Marie Curie (Paris VI).

L'établissement accueille la grande majorité des cours du DEUST (diplôme

d'études universitaires scientifiques et techniques) "Praticien de l'eau" (spécialités "Ressource en eau" et "Qualité de l'eau"), créé en 1997 avec le soutien de la commune. Installé depuis à la villa Poizat (chemin de Froid-Lieu), le centre reçoit chaque année une vingtaine d'étudiants, des quatre coins de France. Le cycle de formation, de 15 mois, se déroule en alternance école-entreprise.

Chapelle Saint-Bon

Mentionnée dès 1299, la chapelle Saint-Bon fait partie des derniers vestiges de l'ancienne enceinte fortifiée de Thonon. Dédiée à un saint martyr du IIIe siècle, elle donna son nom à un quartier naissant (aujourd'hui Les Ursules). Le cimetière de Saint-Bon, cité dès 1430, s'étendait à l'emplacement actuel de l'esplanade de la Maison des Arts.

Confiée aux religieux de Ripaille par Amédée VIII pour surveiller le cimetière, la chapelle vit le premier miracle de saint François de Sales : la résurrection d'un enfant mort sans baptême. Réaménagée ensuite par les nobles Brotty d'Antioche, seigneurs de Nernier-Messery, elle résista à la Révolution française mais faillit disparaître en 1932. Confiée à l'Académie chablaisienne, elle dut tristement servir d'entrepôt au service voirie de la ville, après la guerre.

Ses murs de pierre patinés ont aujourd'hui retrouvé leur authenticité et leur caractère. Avec son grand toit de tuiles et ses petites fenêtres, la chapelle ne manque pas de charme, au sein d'un environnement fleuri.

Château de Ripaille

À proximité du centre-ville, le domaine de Ripaille, ancienne résidence de la Maison de Savoie, s'étend sur 130 hectares, dont 22 ha de vignoble et 17 ha d'arboretum (aux 58 essences). Impassible dans sa forêt ancestrale ceinte de murs, le château témoigne de l'histoire glorieuse du Chablais.

Au XIIIe siècle, la forêt de Ripaille devint le rendez-vous de chasse de la Cour de Savoie. Au XIVe, l'ancien château, rénové grâce à Bonne de Bourbon, épouse du comte Amédée VII, devint sa résidence et son lieu de séjour favori. Le premier Duc de Savoie Amédée VIII y fondait ensuite un couvent de chanoines réguliers de Saint-Augustin. En 1431, il faisait construire un nouveau château, comprenant sept logis et sept tours, où il s'installait avec ses six compagnons de l'ordre des Chevaliers de Saint-Maurice. En 1449, élu pape sous le nom de Félix V, le souverain quittait son ermitage, et ne revint que périodiquement à Ripaille.

Au XVIe siècle, sous Charles-Emmanuel Ier, le château devenait une place fortifiée et son port accueillait des galères. Au XVIIe, le site retrouvait sa vocation spirituelle avec l'installation, dans le prieuré puis dans l'ensemble des bâtiments, de la chartreuse de Vallon, sous la direction de François de Sales.

Après la Révolution, Ripaille connut plusieurs propriétaires, dont le général Dupas. En 1892, Frédéric Engel-Gros achetait le domaine, faisait aménager les jardins et rénover le château, lui offrant une nouvelle vie avec les fastes de l'aristocratie et de la bourgeoisie

françaises. Au XXe siècle, des pourparlers entre la ville et la famille Necker, actuelle propriétaire du domaine et descendante de la famille Engel-Gros, ont abouti aux accords de Ripaille. Depuis 1976, des terrains cédés à la ville permettent le passage de la plage à la Châtaigneraie et la forêt est ouverte au public.

Devenu propriété et siège de la Fondation Ripaille, qui a pour but de protéger et valoriser ce site historique et son environnement, le château aux quatre tours se visite en partie. On peut encore y voir notamment l'impressionnante cuisine des chartreux, avec sa vaste et profonde cheminée – où l'on pouvait faire cuire un bœuf entier – et ses anciens ustensiles domestiques. Une allée de mûriers rappelle que les moines avaient créé à Ripaille une manufacture de soie.

Château de Rives et domaine de Montjoux

Visible des diverses esplanades de la ville, le château de Rives est l'un des rares édifices du Moyen Âge conservés en Chablais. Ancienne résidence des comtes et ducs de Savoie, son histoire est liée à celle de la forteresse de Thonon qui le surplombait, dont il ne reste que les fondations. Jean de Rovorée, chevalier au service du Comte Vert, recevait avec grand faste à Rives. Ses deux fils lui succédèrent, sous le règne d'Amédée VII dit le "Comte Rouge".

À la grande époque du séjour de la Cour souveraine dans le château-fort de Thonon et à Ripaille, les deux rives du Léman appartenaient à la Maison de Savoie. Du château de Rives, on embarquait pour se rendre à Genève, à Lausanne ou au château de Chillon. Les départs et les arrivées étaient l'occasion de grandes réceptions au château. En 1436, le prince Louis de Savoie-Piémont et son épouse la princesse Anne de Chypre y débarquèrent, accompagnés de la reine Marguerite d'Anjou, fille d'Amédée VIII.

Le XVIe siècle, avec ses guerres et invasions, amena la décadence. Des nobles Vial, le château passa à la grande famille d'Allinges-Coudrée, puis fut cédé à l'ordre des chanoines de Saint-Augustin du Saint-Bernard dit "du Montjoux", qui firent sculpter leurs armoiries à l'entrée.

Lorsque le Chablais fut occupé par les Bernois, la guerre amena le siège et le pillage de Thonon. Le château-fort fut ruiné, celui de Rives démantelé. La

Château de Bellegarde

Originaire de Faucigny, la famille De Bellegarde possédait, au XVIe siècle, un ensemble de terrains et bâtisses faisant corps avec la Maison haute et sa tour carrée, où veillaient les hommes de garde de la "Grande Maison de Bellegarde", à l'emplacement de l'actuelle mairie. En février 1574, Jean de Bellegarde renonçait à toute prétention sur cette propriété, ne conservant que la Maison haute (et la porte des Lombards).

En 1958, les familles Brouillet et Beteille cédaient à la ville ce dernier bâtiment, qui abrite aujourd'hui le palais de justice.

chapelle fut restaurée en 1595 pour que saint François de Sales puisse y célébrer la messe. Une gravure de 1682, du *Theatrum Sabaudiae,* témoigne du bon entretien du château par les religieux.

Après la Révolution, le site fut affecté à un usage industriel : les barques du Léman venaient y charger les plâtres des carrières d'Armoy.

Restauré ensuite en partie, le château, classé monument historique en 1932, domine le quai ombragé et les typiques maisons à galeries de bois des pêcheurs qui s'accrochent à la pente d'un parc fleuri. Au pied de son donjon, la tour des Langues, couverte de lierre, rappelle qu'autrefois, les maîtres du lieu gardaient en réserve les langues fumées des animaux abattus, apportés en redevance.

Château de Sonnaz

Au-dessus de la gare haute du funiculaire, une passerelle conduit au jardin de Sonnaz, qui borde le château du même nom, belle demeure chablaisienne ample et trapue. Sur la façade ouest, un balcon en bois domine une porte ogivale, devant laquelle trois anciennes mesures à grains sont taillées dans la pierre. L'entrée principale, au fronton daté de 1666, est une élégante galerie.

Sur la pelouse, une "conche", ancienne meule de granit pour écraser les fruits à cidre, et quelques pierres sculptées annoncent le musée du Chablais, installé dans les salles basses et voûtées du château.

L'ancien domaine de la famille

Sonnaz s'étendait sur 17 000 m², du lac à la rue Michaud, via la tour des Langues. Dès 1945, le château était voué à la démolition par la ville, qui fit tomber les murs d'enceinte en 1950. Mais, le 15 décembre de la même année, la municipalité de Georges Pianta rallia l'opinion de l'Académie chablaisienne pour la sauvegarde du patrimoine.

Compagnie Générale de Navigation

La Compagnie générale de navigation (CGN) est une vieille dame du Léman. Née en 1873, elle s'est hissée au premier rang des flottes sur lac, avec ses

8 bateaux à roue à aube et 5 bateaux à vapeur d'époque 1904-1928, inscrits à l'Inventaire du patrimoine suisse.

Aujourd'hui, la CGN compte 16 bateaux en activité, de 150 à 1 500 places, dont le Lausanne, le plus grand bateau des lacs d'Europe, inauguré en 1991.

Elle dispose de 31 débarcadères sur la côte suisse et 10 sur la côte française. Elle emploie 150 personnes, dont 110 dans deux corps de métiers différents : chantier et navigation, ce qui est une originalité.

80 % de son chiffre d'affaires, s'élevant à environ 14 millions de F, provient du trafic touristique : toute l'année, et surtout l'été, la CGN propose des promenades, tours et traversées, sur le lac. Depuis longtemps, elle assure aussi le transport de nombreux

travailleurs frontaliers : ils sont, chaque matin tôt, entre 600 et 1 000 à embarquer à Évian pour se rendre sur leur lieu de travail.

Au total, la CGN transporte 1,5 million de passagers par an.

Comte Rouge (1383-1391)

Sous le règne d'Amédée VII dit le "Comte Rouge", le château de Ripaille devint la résidence de la Maison de Savoie. Mais, en 1391, un drame tragique mettait fin à cette première période de faste. Lors d'un séjour dans le val d'Aoste, Amédée VII avait rencontré un étrange personnage, Jean de Grandville, se disant attaché à la suite de l'Empeur, qu'il aurait soigné grâce à ses connaissances médicales. En réalité, de Granville n'était qu'un charlatan promettant au Comte Rouge une guérison rapide d'une infirmité qui le vieillissait. En septembre, victime d'une chute de cheval lors d'une chasse à Ripaille, le Comte Rouge se remit entre les mains du faux médecin, qui lui fit subir d'abominables traitements jusqu'à son décès, le 2 novembre. Bonne de Bourbon fut accusée d'avoir commandité le meurtre par empoisonnement.

Ces événements éloignèrent la Cour de Savoie de Ripaille, jusqu'au retour d'Amédée VIII et son épouse Marie de Bourgogne.

Crête (place et foire de)

Vaste esplanade ornée de grands arbres – dont certains ont souffert de la tempête de décembre 1999 – et d'une fontaine pyramidale provenant de la place du Château, la place de Crête offre une belle vue sur Thonon.

Accessible rapidement à pied depuis le centre-ville, via la passerelle de la gare, la place accueille diverses manifestations sous chapiteau : cirques, salon des vins…

Chaque année, le premier jeudi de septembre, s'y tient l'incontournable

rendez-vous agricole et commercial du Chablais : la foire de Crête. Toute la cité est fermée à la circulation, commerçants et exposants investissent le centre-ville. Par tradition, la place de Crête est réservée à la foire aux bestiaux, même s'ils y sont de moins en moins nombreux.

Delta de la Dranse

La Haute-Savoie compte 22 000 hectares de réserves naturelles, dont la réserve de la Dranse (45 ha), créée en 1980 à Publier.

Formé il y a moins de 12 000 ans, le delta de la Dranse se compose de terrasses correspondant aux anciens niveaux du lac. La rivière, ralentissant sa vitesse en déposant des alluvions, a laissé des îlots de galets, formant des milieux très variés. En quelques mètres, on passe d'un milieu sec à un milieu humide, d'où la richesse de la flore : 750 espèces de plantes recensées et 680 familles de champignons. Une des particularités du delta est de piéger les graines venues de la montagne, telles la linaire des Alpes qui fleurit normalement à 1 500 mètres d'altitude. On y rencontre des castors et 220 espèces d'oiseaux.

Le territoire de la réserve est réglementé : interdiction de ramasser les plantes et les champignons, de circuler sur les plans d'eau. On peut s'y seulement promener à pied (accès depuis Port-Ripaille ou, de l'autre côté, par la plaine d'Amphion).

Rivière au caractère torrentiel, la Dranse n'a été maîtrisée et régularisée qu'en 1947, avec la construction du barrage du Jotty. En amont du delta, la rivière, qui se fraye un passage entre les falaises abruptes du Chablais, offre divers loisirs : pêche, canoë-kayak, rafting...

Dessaix (général)

Sur la place du Château, s'élève une statue en bronze du général Dessaix.

Enfant du pays, Joseph Dessaix était capitaine de la 1re compagnie de la Légion des Allobroges, en 1792, peu avant le rattachement de la Savoie à la France. Mais il est surtout connu en tant que général, pour ses faits d'armes en Italie et ses fougueuses chevauchées napoléoniennes. On oublie souvent, que, limogé en 1814, il se retira dans sa maison de Marclaz. Décédé en 1839, il fut enterré au cimetière des Ursulus (sous l'actuel square Paul Jacquier).

École hôtelière Savoie-Léman

À sa naissance, en 1912, la première section professionnelle d'hôtellerie, annexée au collège municipal de garçons (aujourd'hui collège Jean-Jacques Rousseau), comptait une quinzaine d'élèves. Fondé à l'initiative de Fernand David, homme politique de la région, ministre du Commerce sous Poincaré, qui soutenait un projet du ministère de l'Instruction publique, l'établissement était le premier de ce type en France et le troisième en Europe.

En 1935, la section s'installait à l'angle des boulevards Carnot et de la Corniche, avec vue sur le lac, et devenait l'Hôtel Savoie-Léman. Nouveau tournant en 1948-50, avec le transfert à Thonon du centre d'apprentissage de la Baule. En 1954, le Savoie-Léman devenait une véritable école, comprenant un lycée hôtelier, un atelier-hôtel et une section

Thonon-les-Bains et le Chablais

d'enseignement professionnel. En 1987, était construit un nouveau bâtiment, abritant des cuisines d'initiation, trois restaurants pédagogiques et un atelier de pâtisserie.

Aujourd'hui, le lycée hôtelier dispose d'un hôtel d'application 3 *** de 35 chambres, à la renommée établie. Le restaurant traditionnel propose une cuisine gastronomique raffinée et la brasserie-école L'Antonietti offre un cadre jeune aux couleurs de Thonon, où déguster des plats aux saveurs de terroir.

L'école accueille quelque 500 élèves et prépare au BEP et BTS hôtellerie-restauration, baccalauréat technologique hôtellerie, bac professionnel restaurant, DESS, MST et CAPET (professorat).

Sa réputation n'est plus à faire, comme témoigne la réussite de ses anciens élèves : Michel Palmer, ancien directeur du Negresco de Nice, Bernard Panché, ancien PDG du Ritz, Fayçal Sassi, directeur de l'école hôtelière de Monastir (Tunisie), ou encore le célèbre restaurateur Georges Blanc et son fils Alexandre. La notoriété de l'établissement véhicule l'image de Thonon dans le monde entier.

Si le lycée hôtelier Savoie-Léman connaît aujourd'hui ses heures de gloire, il a aussi été marqué par l'histoire. En 1944, l'école dut abriter le siège de la milice, lieu de torture et d'exécution sous les yeux des élèves révoltés et de leurs professeurs dont Armand Antonietti. Le mur des Fusillés est encore visible au cœur de l'établissement.

Ecomusée de la pêche

Créé en 1987, l'Ecomusée de la pêche et du lac a trouvé tout naturellement sa place au sein du village des pêcheurs de Rives à Thonon-les-Bains. Installé dans trois guérites traditionnelles de pêcheurs, il retrace, à travers 1 500 objets recueillis par des bénévoles passionnés, l'évolution des techniques halieutiques locales, de la pêche au grand pic à la capture des écrevisses, sans oublier les pratiques amateur.

Depuis 1998, trois aquariums permettent de découvrir les poissons du lac "en chair et en arêtes" : poissons dits "pauvres" (gardon, carpe, tanche...) ou espèces plus nobles qui font le plaisir des gourmets telles l'omble chevalier, la truite, la féra.

Ce coin pittoresque du port de Rives accueille chaque année de nombreux curieux. Les rencontres avec les pêcheurs séduisent petits et grands.

Église Saint-Hippolyte

L'église Saint-Hippolyte, dans la Grande Rue, est le plus ancien témoin de l'histoire de Thonon. De style baroque, l'édifice, dont la crypte date du XIIe siècle, a été agrandi au XVIIe siècle pour répondre à l'accroissement de la population. Sa toiture imposante accentue l'impression de lourdeur que donnent les lignes architecturales. La façade est ornée, entre autres, de deux fresques représentant saint Philippe-de-Néri et saint Maurice.

Église du prieuré de Thonon en 1138, elle devint chapelle papale en 1439 avec la nomination d'Amédée VIII comme souverain pontife, puis lieu de culte des protestants en 1536 avec l'occupation bernoise. En 1598, elle était rebaptisée Notre-Dame de la Compassion par François de Sales, qui y organisa les "Quarante heures" pour hâter la conversion des Chablaisiens au catholicisme et en fit le siège de la "Sainte Maison". Convertie en "temple de la Raison" en 1792, elle ne fut rendue au culte catholique qu'au début du XIXe. En 1869, face au besoin d'un édifice plus grand, sa démolition fut envisagée, afin de la remplacer par une imposante cathédrale (l'actuelle basilique Saint-François) mais, finalement, seul le presbytère fut détruit.

Classée Monument historique au début du XXe, elle tombait doucement en léthargie jusqu'à ce que l'association Les Amis de Saint-Hippolyte, dans les années 90, la sorte de l'oubli.

Établissement thermal

Au-delà de ses trois spécialités (rhumatologie, appareil urinaire et

appareil digestif), l'établissement thermal de Thonon vise aujourd'hui une clientèle soucieuse de remise en forme, au sein d'un environnement naturel. En 2000, sa gestion a été déléguée à la société Européenne des bains, avec pour objectif d'en faire un des fleurons du "tourisme-santé".

La modernisation et l'aménagement de nouveaux équipements (piscines, balnéothérapie, hammam...) vont permettre d'offrir de nouveaux produits : séjours minceur, anti-cellulite, retour aux sources, anti-stress... Points communs de ces prestations : le sport, l'esthétique, la diététique.

Fortifications

En 1266, le petit bourg de Thonon, qui réunissait une poignée d'habitations autour d'un prieuré dépendant de Saint-Jean-de-Genève, et tous les droits des closures (chaînes, murs, palissades) jusqu'au lac devinrent possession de Pierre II de Savoie, dit Le Petit Charlemagne. Dans leur volonté d'expansion, face aux maisons rivales des comtes de Genève et des sires du Faucigny, les comtes de Savoie fortifiaient alors leur nouvelle cité.

En 1290, Amédée V, dit Le Grand, fit construire une maison forte (agrandie au XIVᵉ siècle), sur l'actuelle place du Château, et entourer le bourg de fossés et d'une enceinte de murailles, percée de quatre portes. La première mention du quartier neuf fortifié de Rives date de 1295.

François de Sales (1567-1622)

Évêque de Genève-Annecy, auteur de *l'Introduction à la vie dévote,* fondateur de l'ordre de la Visitation, créateur visionnaire, François de Sales était issu d'une famille d'ancienne noblesse.

Seigneur de Ballaison, de Boissy et de Lathuille, il était promis à une brillante carrière politique mais choisit l'état ecclésiastique en 1593. Après avoir remis "la population chablaisienne devenue hérétique dans la vrai foi" à la demande de Charles-Emmanuel de Savoie, François de Sales, prévôt des chanoines

d'Annecy, fit un grand projet : fonder à Thonon une grande université catholique.

Confiée à des érudits et savants religieux, la "Sainte Maison" devait comprendre une communauté de prêtres pour diriger le séminaire, un collège pour l'enseignement de la philosophie et de la théologie, un ordre missionnaire pour la prédication confié à des capucins, et une "maison des arts" pour l'enseignement professionnel et l'apprentissage artisanal. L'affaire fut soutenue par le pape Clément VIII et le duc Charles-Emmanuel. Mais François de Sales, qui

succédait à Mᵍʳ de Granier en 1602, était un homme d'idées et un piètre gestionnaire : le projet s'avéra vite trop ambitieux pour le Chablais, pays alors affaibli. Seul le collège ouvrit ses portes, confié d'abord aux jésuites puis aux barnabites en 1616.

Créé en 1610 avec sainte Jeanne de Chantal, l'ordre de la Visitation essaima, par contre, rapidement : 145 monastères implantés en Europe, entre 1610 et 1700.

Saint François de Sales s'éteint à Lyon, en 1622. Débutait alors à Thonon un temps de querelles et conflits entre prêtres, Sainte Maison, barnabites…

Un circuit touristique convie aujourd'hui à découvrir les lieux liés à la vie du saint, dont le château des Allinges, où il résida durant sa première mission, de 1594 à 1598.

Funiculaire de Rives

Depuis 1888, le funiculaire de Thonon mène du centre-ville aux quais du port de Rives, soit une descente de 233 m de long et 51 m de dénivellation (qui double la très pentue rue du Funiculaire). À sa création, il était le seul en France à utiliser l'eau comme contrepoids. Les anciens se souviennent du vacarme retentissant de l'eau délestant la cabine du bas ou remplissant l'énorme réservoir de celle du haut. Le système était économique, mais le rythme des navettes trop lent : le funiculaire fut électrifié en 1951. Il est aujourd'hui équipé d'un système de puces électroniques et de voitures panoramiques.

Hôpitaux du Léman

Implantés sur neuf sites (hôpitaux Georges Pianta à Thonon et Camille Blanc à Évian, foyers de personnes âgées des Myosotis, de Saint-Paul, la Prairie et la Lumière du lac, le Morillon et deux unités de pédo-psychiatrie), les Hôpitaux du Léman comptent environ 800 lits et 1 100 employés et sont appelés à devenir l'un des quatre pôles hospitaliers de la Haute-Savoie.

Afin de mieux répondre aux besoins d'un bassin de plus de 110 000 habitants,

une réorganisation, amorcée en 2000, répartit l'activité entre les sites de Thonon (réanimation, chirurgie, centre mère-enfant et quelques spécialités de médecine) et Évian (qui rassemble l'équipe médicale).

Hôtel de ville

La première "Maison de ville" fut incendiée en 1815, victime de l'imprudence des soldats italiens qui l'occupaient. Il fallut ensuite près de quinze ans pour édifier le nouvel hôtel de ville, dû au sarde Mazzone.

Une restauration a donné au bâtiment, d'allure un peu rigide, un certain cachet. Le peintre Beretta a orné les plafonds de l'escalier d'honneur des écussons des Comtes et Ducs de Savoie et des familles nobles et bourgeoises de la ville. L'imposante charpente a retrouvé ses caissons bleus qui donnent une fière allure au grand salon orné aux lustres en verre de Venise. La cour du péristyle, où se tenait autrefois le marché aux grains, est pavée de cailloux de la Dranse assemblés en dessins géométriques dans le style médiéval. Sculptée par l'artiste locale Marguerite Peltzer-Genoyer, une sirène se mire dans l'eau du bassin.

Hôtel-Dieu

Le magnifique bâtiment de l'hôtel-Dieu a été construit en 1649, sur ordre du riche marquis de Genève-Lullin,

gouverneur et lieutenant général du Chablais. Il a d'abord abrité un couvent des Minimes puis, après la Révolution, un hôpital et un asile de vieillards. En 1882, il était surélevé d'un étage.

L'hôpital a déménagé dans les années 1970, les personnes âgées en 1999. Racheté par l'État, l'ancien hôtel-Dieu devrait abriter à l'avenir la cité judiciaire, les locaux des tribunaux de Thonon étant devenus trop exigus.

INRA

De son installation en 1964 à la pisciculture de Rives jusqu'à son

implantation sur l'avenue de Corzent en 1968, la station d'hydrobiologie lacustre de Thonon était rattachée aux Eaux et Forêts.

Rattachée ensuite au centre de Dijon de l'INRA (Institut national de la recherche agronomique), la station a d'abord étudié le suivi de la qualité des eaux du lac. Puis s'est constituée une unité mixte de recherche, avec l'Université de Savoie, sur les flux et régimes d'apport en substances d'origine terrestre et leur influence.

Actuellement, la station emploie une vingtaine de chercheurs et ingénieurs, et autant de techniciens et administratifs. Seul laboratoire sur la rive française du lac Léman, elle entretient de nombreux contacts à l'échelle nationale et internationale. Travaillant en lien étroit avec la CIPEL (Commission internationale pour la protection des eaux du Léman), basée à Genève et Lausanne, elle est chargée essentiellement des études biologiques, le site genevois étudiant la chimie du lac.

Jeux Olympiques

Thonon compte plusieurs sportifs olympiques.

En 1948, Charles Bouvet-Bionda, sauteur à la perche et gymnaste, qui fut aussi maire-adjoint chargé des sports à Thonon, s'illustra aux JO de Londres.

En 1952, Georges Turlier et son équipier Liaudet remportèrent, à Helsinki, la seule médaille d'or française jamais obtenue en canoë de vitesse. G. Turlier intégra ensuite le service des sports de la ville de Thonon et c'est à lui que l'on doit la base nautique des Clerges.

En 1956, Emile Clerc porta les couleurs du club d'aviron de Thonon aux JO de Melbourne, ainsi qu'en 1960 à Rome et en 1964 à Tokyo.

En 1984, Stéphane Machetto, licencié à l'Étoile Sportive, participait aux JO de Los Angeles en gymnastique artistique.

En 1988, le boxeur Jean-Marc Augustin s'envolait pour les JO de Séoul.

En 2000, Philippe Gasparini, membre de la Société nautique du Léman français depuis son enfance, et son équipier Dimitri Deruelle participaient aux épreuves

©FFCK

de voile aux JO de Sidney. En haltérophilie, Sabrina Richard, 22 ans, concourait dans la catégorie des moins de 48 kg.

Léman (lac)

Plus grande réserve d'eau douce d'Europe, le lac Léman s'étend sur 582 km^2 (dont 348 km^2 en Suisse) : 73 km de longueur, 13 km de largeur maximale, 310 m de profondeur. Lac préalpin, en forme de croissant, il comprend deux parties. Le "grand lac", du Valais jusqu'à la pointe d'Yvoire, couvre 86 km^2, soit 96 % du volume total du lac. Le "petit lac", plus étroit, forme une vallée peu profonde (80 m maximum).

Élément fondamental du Chablais, le lac adoucit le climat alpin de la région. Autrefois, ses eaux servaient au transport des marchandises, à l'époque des "Barques du Léman". Aujourd'hui, il est un atout économique et touristique.

Léman (région)

La région lémanique comprend les cantons suisses de Genève, de Vaud et du Valais, et les départements de l'Ain et la Haute-Savoie.

Maison des Arts et Loisirs (MAL)

Havre de béton et de verre, s'ouvrant sur une vaste place, un jardin et le lac, la

accueille et organise de nombreuses manifestations artistiques : expositions de peinture, sculpture, photo, littérature, concerts, ballets, théâtre, festivals…

Maison des arts et loisirs de Thonon a été conçue par l'architecte Maurice Novarina. Inaugurée en 1966, elle était une des premières maisons de la culture édifiées en France. En 2000, son intérieur a été modernisé pour accueillir les spectacles dans les meilleures conditions.

Lieu de rencontre interculturel, fréquenté par un public varié, la MAL

Marin (vin de)

Commune de 1 285 habitants, rattachée à Thonon en 1972 et redevenue indépendante en 1995, le village de Marin bénéficie d'une exposition particulièrement agréable sur le coteau bordé à l'ouest par le plateau de Gavot et à l'est par la Dranse.

Le site a toujours été réputé pour la qualité de son vin. Les religieux de l'abbaye d'Aulps possédaient déjà une vigne à Sussinge. Aujourd'hui, quelques familles de Marin se partagent les vignes qui descendent jusqu'à la Dranse. Ils sont

huit viticulteurs pour 15 hectares et réalisent une production de 800 hl par an en moyenne.

Vin blanc sec, le marin accompagne les poissons du lac ou la fondue au fromage.

Mémorial des Justes

L'Association pour les Justes de France a choisi le site de Ripaille pour y élever un mémorial en hommage à ceux qui, durant la Deuxième guerre mondiale, ont sauvé des juifs du génocide. Le

Thonon-les-Bains et le Chablais

Monument et la Clairière des Justes ont été inaugurés en novembre 1997.

Au cœur de la clairière, symbolisant la lumière de l'action du Juste et sa main tendue dans l'obscurité, s'élève un monument réalisé par Nicholas Moscovitz. Tout autour, ont été plantés 70 arbres d'essences différentes, symbolisent les 70 nations évoquées par la Bible.

Moulin (Jean) (1899-1943)

Grand résistant arrêté par la Gestapo en juin 1943, haut fonctionnaire brillant et non conformiste, homme d'action et d'honneur, à la personnalité forte et sensible, Jean Moulin a laissé dans l'histoire de France une empreinte indélébile. À Thonon, le carrefour situé devant le lycée hôtelier porte son nom. C'est à deux pas de là qu'il prit ses fonctions de sous-préfet de l'arrondissement, en juin 1933, à l'initiative de Paul Jacquier, ancien maire de Thonon, député radical et président du Conseil général de la Haute-Savoie, avec qui il s'était lié d'amitié. Séduit par sa nouvelle affectation, Jean Moulin qualifiait Thonon de "sous-préfecture très confortable" et y appréciait les concerts et la gastronomie locale.

L'arrondissement était alors le moins peuplé de Haute-Savoie, avec environ

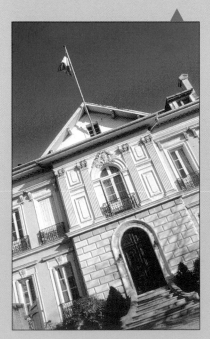

70 000 habitants sur 6 cantons et 76 communes. Le maire de Thonon était Georges Andrier. À l'époque, fut érigé un nouvel hôtel des Postes sur le square Aristide-Briand, à l'emplacement de l'ancienne caserne Dessaix détruite en 1929.

Mais Jean Moulin n'aura effectué qu'un bref passage à Thonon : en octobre 1933, il était nommé chef de cabinet du ministre de l'Air, Pierre Cot.

Musée du Chablais

Aménagé en 1954 dans le château de Sonnaz, à proximité de l'hôtel de ville, le musée du Chablais invite à découvrir les coutumes et savoir-faire savoyards et la dualité de la culture locale, marquée à la fois par la tradition montagnarde et l'activité liée au lac Léman.

Une salle est consacrée à une exposition sur la batellerie. Une autre, aménagée en 1998, présente les sculptures de Marguerite Peltzer-Genoyer. Outre les collections permanentes, le musée organise des expositions temporaires illustrant les arts et traditions populaires.

Novarina (Maurice)

Né en 1907 à Thonon, l'architecte Maurice Novarina a débuté sa carrière par la réalisation d'églises, de 1935 à 1939, en Savoie et Haute-Savoie. De 1937 à 1945, il a travaillé au projet de Notre-Dame-de-Toute-Grâce, à Assy, qui marque une date importante dans la rénovation de l'art sacré, notamment dans sa décoration confiée à des artistes contemporains. Mais l'une de ses plus belles réalisations est sans doute l'église Sainte-Bernadette d'Annecy, en 1966.

Maurice Novarina a également signé des œuvres dans le domaine civil : la buvette de la source Cachat à Évian en 1956, l'hôtel de ville de Grenoble (en 1967, avec Jean Prouvé, inventeur du Mur-rideau), le Village olympique de Grenoble en 1968, le palais de justice d'Annecy et le Périscope à Paris en 1978, le centre de télévision de Riyad (Arabie saoudite) en 1982.

À Thonon, Maurice Novarina a conçu la Maison des arts et loisirs, le quartier de la Rénovation, le monastère de la Visitation de Marclaz, et certains aménagements de la plage municipale.

Novarina (Valère)

Auteur de théâtre contemporain, Valère Novarina, né en 1947, fils de l'architecte Maurice Novarina et de l'actrice Manon Novarina, a passé son enfance et sa jeunesse à Thonon, avant d'étudier la philosophie et la philologie à la Sorbonne, à Paris.

Depuis sa première pièce mise en scène en 1974, Valère Novarina a écrit une trentaine d'œuvres. Artiste complet, il écrit, joue, met en scène et peint. Son public dit de lui qu'on le reconnaît à son langage profond.

Attaché à ses racines chablaisiennes, il est l'auteur d'un texte sur la foire de Crête, diffusé sur France Culture en 1994, où il dresse une série de portraits des habitants de la région.

Observatoire

Perché sur le plateau de Gavot, à Vinzier – superbe belvédère sur le mont Blanc –, l'observatoire astronomique est le lieu de rencontre de nombreux passionnés du ciel et le point de départ du chemin des Planètes. À parcourir à pied ou en vélo, cet itinéraire pédagogique de 13 km, à l'image du système solaire (échelle 1/360 000 000), comprend dix stations nommées Terre, Mercure, Vénus, Mars…

Pêche

En 2000, le lac Léman comptait 49 pêcheurs professionnels. Outre la perche, principale ressource, les espèces pêchées sont l'omble chevalier, le corégone ou "féra du lac", la truite, la lotte de lac, le brochet et l'écrevisse.

Le chiffre d'affaires du marché de la pêche s'élève de 20 à 40 millions de F.

Peltzer-Genoyer (Marguerite) (1897-1991)

Née à Gladenbach (Allemagne), d'une famille de vieille noblesse remontant au XVIe siècle, Marguerite Peltzer-Genoyer fut dès 1927 une artiste sculpteur reconnue, présente chaque année au Salon des artistes français, à Paris. En 1932, elle achetait à Thonon la "maison blanche de Concise", dont elle fit sa résidence principale et son atelier.

Diverses récompenses ont marqué sa carrière : médaille d'or du Salon des artistes français en 1968, prix de l'Institut en 1970, prix Joyeux en 1979.

Elle a légué à la ville de Thonon une grande partie de ses œuvres, dont la Sirène de la cour de l'hôtel de ville, les armoiries de l'impasse du Manège, et la Jeune fille accroupie du lycée de la Versoie.

Perche

Poisson des lacs et cours d'eau lents, de couleur gris nuancé de vert, zébrée de blanc et de rouge sur les flancs et le ventre, pouvant atteindre 50 cm de longueur, la perche se pêche surtout en été, au filet (dit "mirandelier" ou "ménier"). La petite perche, ou "perchette", se consomme entière et constitue, avec le vairon, la base de la "petite friture".

Pianta (Georges)

Au service de sa ville natale – titre qu'il donna au livre qui retraçait son action – Georges Pianta l'a été toute sa vie, et particulièrement de 1944 à 1980, période où il occupa le fauteuil de maire puis de conseiller général et de député.

C'est lui qui, au lendemain de la Libération, rétablira la paix civile. Lui aussi qui sortira la ville de sa torpeur. Élu maire malgré lui, il deviendra un bâtisseur à part entière. Il eut l'intelligence de traiter le mal à la racine en lançant, dès 1953, d'ambitieux programmes de construction de logements sociaux et d'adaptation des installations scolaires, programmes qui s'étendront sur plus de vingt ans.

Cette modernisation changea en profondeur le visage de la ville, dont on soulignait à l'époque la vétusté et l'insalubrité.

Là ne s'arrête pas l'œuvre de cet humaniste. Il dota Thonon d'équipements sportifs et culturels comme la Maison des Arts et Loisirs, une des premières construites en France selon le vœu du ministre Malraux.

Nombre d'atouts dont bénéficie la ville aujourd'hui ont été initiés par Georges Pianta : les aménagements touristiques en bordure de lac, la zone industrielle de Vongy et le développement de l'exploitation de la source de la Versoie, le fleurissement, l'enseignement supérieur et le centre hospitalier qui porte désormais son nom.

Très introduit dans les allées du pouvoir gaulliste, G.Pianta appartint à la génération d'élus qui ont modernisé la France en s'appuyant sur la solidité de ses racines, ce qui était pour lui l'essence même du service rendu à ses concitoyens.

Même si l'on cuisine de plus en plus la féra et l'omble chevalier, qui ont également une chair fine et goûteuse, la perche reste le poisson star du Léman. Incontournable des bonnes tables estivales, le filet de perche se déguste nature, frit, meunière, au vin blanc, ou en feuilleté, accompagné d'un vin de Savoie.

Pour préparer de savoureux filets de perche, les éponger d'abord avec un torchon, saler, poivrer, fariner légèrement. Laisser ensuite détremper quelques heures dans un plat nappé de lait. Éponger à nouveau puis les faire dorer doucement à la poêle, à feu moyen, quelques minutes sur chaque côté. Servir avec citron et persil haché.

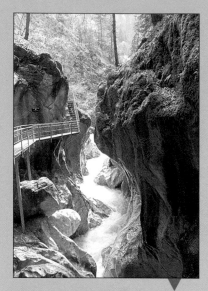

Pont du Diable

En quittant Thonon par la route de Morzine, on remonte le cours de la Dranse qui serpente entre des falaises abruptes et sombres. Très encaissée, la rivière se heurte à des barres rocheuses résistantes et se fraye un passage par d'étroites fissures, où l'eau s'engouffre dans un vacarme étourdissant.

Impressionnant, le spectacle prend toute son ampleur aux gorges du Pont du Diable, hautes de 60 mètres, creusées de marmites torrentielles, obstruées d'énormes blocs ayant dévalé du haut des falaises. Vestige de cet effondrement, un de ces blocs isolés forme une arche imposante, à plus de 30 mètres au-dessus du torrent : le Pont du Diable.

Le site, classé depuis 1908 et aménagé de passerelles, se visite à pied, de mai à septembre.

Port Ripaille

Sur une presqu'île, entre lac et forêt, s'élève la "marina" de Thonon : Port Ripaille. Un lieu particulier, un peu intemporel, où règnent le calme et la nature.

Sur des terrains rachetés par la Ville à la famille Necker, propriétaire du château de Ripaille, le premier chantier de construction de Port Ripaille date de 1969. Après la faillite du promoteur, le programme immobilier était repris en 1973 et s'est poursuivi jusqu'en 1985.

Aujourd'hui, sur les 550 petites maisons de Port Ripaille, 76 sont habitées par des Thononais qui, toute l'année, côtoient hérons, canards, écureuils et castors. L'été, quelque 2 000 vacanciers, venus de toute l'Europe, y séjournent, profitant des équipements sportifs (piscine, tennis, voile) et de la plage.

Port de Rives

C'est grâce à Jules Beaurain, syndic de Thonon sous Napoléon III, que le paysage de Rives allait changer. Son projet de création d'un port étant accepté, il fit aménager, en 1862, un grand môle, une jetée de 429 mètres de long, un débarcadère, un poste de douane et une vaste place. Créée en 1864 sur le chemin dit "derrière les murs", une voie pour charrois (futur boulevard Carnot) reliait le port à la place de la Croix (aujourd'hui place Jules Mercier). Dans la foulée, étaient tracés une route en direction de Corzent et un chemin carrossable pour l'usine à gaz construite la même année au bord du lac. En 1895, l'établissement domanial de la pisciculture s'installait

face au grand môle du port. Mais il fallut attendre 1898 pour que le premier "quai de Ripaille", de 800 m de long sur 10 m de large, poursuive le chemin jusqu'à Vongy, ouvrant Rives sur Évian et le pays de Gavot.

Le 6 juillet 1952, dans la baie de Ripaille, était inaugurée la plage municipale de Thonon, avec piscine chauffée de 25 m, plongeoir olympique de 10 m, vestiaire de 104 cabines, solarium et bar-restaurant. Succès immédiat.

En 1978, la plage s'agrandit, un nouveau bassin de 50 m était aménagé. Le quai s'élargit, passant de 10 à 40 m, dont une emprise de 30 m sur le lac sur une longueur de 800 m.

Avec les apports des municipalités successives, Rives est devenu un lieu où il fait bon se promener toute l'année. Le port actuel, où accostent les bateaux de la Compagnie générale de navigation, se prolonge à l'entrée ouest par le paisible petit port des pêcheurs, qui content

volontiers leurs histoires de pêche tout en préparant filets et nasses. On y rencontre également les rameurs de la société de sauvetage qui, chaque année, organisent des concours avec leurs confrères de l'autre rive du Léman.

Côté est, le port de plaisance abrite plus de 500 voiliers.

Le site évolue vers la modernité, tout en préservant la tradition. La circulation et l'urbanisme sont au cœur des projets lancés pour l'aménagement du secteur. Une nouvelle capitainerie abrite l'école de voile, dans un bâtiment à l'architecture inspirée du monde nautique.

Portes du Soleil

Dès 1964, les exploitants des remontées mécaniques d'Avoriaz, de Champéry et des Crosets acceptaient le principe d'une libre circulation des skieurs d'un domaine à l'autre sans

contrepartie. Cette première entente, basée sur les liens qui unissent Chablaisiens et Valaisans, allait donner naissance aux Portes du Soleil, dans les années 80.

Vaste domaine skiable reliant quatre stations suisses (Champéry, Champoussin-Les Crozets-Val d'Illiez, Morgins et Torgon) et huit françaises (Abondance, Avoriaz, La Chapelle d'Abondance, Châtel, Les Gets, Montriond, Morzine et Saint-Jean-d'Aulps), accessibles avec un seul forfait, les Portes du Soleil s'étendent sur 400 km², 24 massifs, 50 sommets, sur un espace comptant 12 360 habitants et 4 000 chalets d'alpage.

Plus de quinze jours sont nécessaires pour découvrir l'ensemble du domaine, ouvert à tous les sports de glisse (ski alpin, de fond, snowboard…), dans un paysage de toute beauté, avec vue sur le mont Blanc, la dent du Midi et autres pics enneigés et, en fond, le lac Léman.

La Savoie (barque)

Construite en 1896 au chantier de la Belotte, près de Genève, la Savoie était l'une des plus grandes barques du Léman : 35 m de long, 8 de large, 390 m² de voilure. Destinée au transport des pierres des carrières de Meillerie (avec une capacité de charge de 110 m³, soit environ 200 tonnes de marchandises), elle a navigué plus de trente ans avant d'être motorisée puis détruite.

Soutenue par divers partenaires dont la Ville de Thonon, l'association Mémoires du Léman, née en 1992, lançait le défi de la reconstruire. Démarré en juin 1997, sur le port de Thonon, le chantier de reconstruction, ouvert au public, a fait revivre les savoir-faire d'autrefois. Entièrement réalisée à l'identique du modèle initial, la structure du bateau a été reconstituée à partir des courbes des membrures tracées par les charpentiers à l'aide de gabarits. Sur le Léman, la dernière fabrication de ce type datait des années trente. Depuis 1950, il ne restait aucune trace de ces fabuleuses barques sur la rive française.

Mise à l'eau le 11 juin 2000, la nouvelle Savoie navigue le long des côtes du lac Léman, faisant revivre ainsi une partie du patrimoine lémanique.

Société des Eaux minérales d'Évian (SAEME)

En 1879, à deux pas de Thonon, le marquis de Lessert découvrait les vertus de l'eau d'Évian qui coulait dans le jardin de M. Cachat. Les premiers bains d'Évian ouvraient dans une demeure privée en 1824. Deux ans plus tard, le roi de Sardaigne accordait une autorisation d'embouteillage, avant la construction de l'établissement thermal en 1827.

En 1869, naissait la Société des eaux d'Évian. En 1902, les vertus de l'eau d'Évian étaient reconnues pour l'amélioration des fonctions rénales et un nouvel établissement thermal était inauguré. En 1926, la source Cachat était reconnue d'intérêt public. En 1960, Évian et sa bouteille à la célèbre étiquette rose entraient dans l'ère de la grande distribution.

Aujourd'hui, Évian appartient au Groupe Danone. Le siège social de la SAEME est installé près de la source Cachat, l'usine d'embouteillage à Amphion. Au total, la société emploie 1 200 salariés et réalise un chiffre un chiffre d'affaires de plus de 3,6 milliards de F, dont 32 % à l'export vers les USA, l'Angleterre, la Belgique, l'Allemagne, le Japon… Source de richesse et d'emplois, la SAEME participe aux grands projets de développement de la région.

Connue dans le monde entier, l'eau d'Évian a fait la richesse et la notoriété de la ville, devenue station thermale réputée pour ses séjours "équilibre et remise en forme". Les Eaux d'Évian ont doté la ville d'un parc hôtelier qui compte deux des plus beaux hôtels de la région, le Royal et l'Ermitage, d'un casino et d'un golf. L'espace thermal propose un vaste choix de séjours à thème (sport, détente, golf, maman-bébé…). Le tout attire de nombreux curistes et touristes, qui peuvent visiter entre autres l'usine d'embouteillage, ainsi qu'une exposition sur l'eau d'Évian, au centre-ville.

Société des eaux minérales de Thonon

L'eau de Thonon jaillit sur le plateau de la Versoie, au pied de la colline des Allinges, à une température constante de 13°. Un long voyage à travers les couches argileuses et sableuses du sol lui apporte le bicarbonate, le calcium et le magnésium qui lui confèrent ses vertus détoxicantes et diurétiques.

En 1859, Marie-Françoise Constantin, veuve de Louis de Lort, cédait gratuitement la source de la Versoie, à condition que soient installés un bec d'eau à l'hôtel-Dieu et une fontaine publique dans la ville. Le syndic Jules Beaurain engageait alors la procédure pour la reconnaissance des vertus curatives de l'eau, qui allait être déclarée d'utilité publique et exploitable le 22 juin 1864.

En 1882, au cours des travaux de captage, on découvrait des vestiges (monnaies, poteries, vases, tuyaux), prouvant que l'eau minérale de Thonon était déjà connue du temps des Romains. En 1885, la Ville achetait la propriété Auger, de 26 000 m², afin d'y construire un établissement thermal, où l'eau minérale sera amenée par une conduite en ciment. Les volontés de Marie-Françoise Constantin étaient respectées : un bec était installé à l'hôpital et une fontaine publique (remplacée dans les années trente par la buvette "Le Champignon de la Versoie") mise en place au bord du parc thermal, sur l'actuelle avenue du Général de Gaulle.

En 1890, la ville était autorisée, par décret du Président de la République, à s'appeler Thonon-les-Bains. En 1892, l'exploitation était accordée à la Société anonyme des Eaux minérales de la Versoie qui, de 1901 à 1904, édifiait en bordure de la corniche un casino et l'hôtel du Parc. La société vendit ensuite tous ses biens à la Société des grands hôtels d'Évian, qui cessa toute activité thermale en 1923 et ferma le casino en 1929.

Saccagé durant la guerre 1939-1945, le bâtiment fit ensuite place à un nouvel établissement moderne, édifié le long de l'avenue du Parc et inauguré en juin 1954. En 1958, un nouveau puits était foré pour recueillir l'eau minérale. En 1963, l'autorisation de son exploitation était accordée par l'Académie nationale de médecine. En mars 1965, était inaugurée l'usine d'embouteillage de la Société des Eaux de Thonon, qui s'élève sur un terrain de 6 ha, près de l'arrivée des eaux de la Versoie.

Aujourd'hui, la Société des eaux minérales de Thonon emploie une quarantaine de personnes. Bénéficiant de campagnes publicitaires nationales, l'eau de Thonon est vendue en grande distribution.

u Lac Léman

Thonon-les-Bains et le Chablais

Thomson Tubes électroniques

Plus important site industriel de la ville, "la Thomson", comme disent les Chablaisiens, fait partie de l'histoire de la ville depuis 1963. Sur l'actuelle zone industrielle de Vongy, la société nationale implantait sa division Tubes électroniques, dans les anciens locaux de la société Pathé Marconi, occupés jusqu'au début des années 60 par un fabricant de céramique.

Le site, qui comptait une centaine d'employés, prit ensuite le nom de Thomson-CSF puis, en 1998, Thomson Tubes électroniques et, fin 2000, Thales Electron Devices (Thomson étant devenu le Groupe Thales).

L'usine fabrique des tubes et des composants électroniques pour les émetteurs radio, TV et les amplificateurs, ou encore le secteur médical (pour la radiologie), scientifique (notamment pour les accélérateurs de particules), le chauffage industriel, le contrôle radar (civil et militaire). L'entreprise, implantée sur 25 000 m², emploie près de 500 salariés et réalise un chiffre d'affaires d'environ 370 millions de F, dont 85 % à l'exportation vers plus de cent pays en Europe, Asie et Amérique.

Valfond Thonon

Le 23 février 1948, la société Margaine SARL, spécialisée dans la fonderie d'accessoires pour cycles, s'implantait sur l'avenue de Champagne. En 1955, elle fusionnait avec les Ets Carpano & Pons et devint la SA des

Ets Margaine puis, en 1959, la SA Fonderie du Léman. Installé en 1962 dans la zone industrielle de Vongy, l'établissement était racheté en 1967 par le groupe Valois, qui créait la société Fonlem Industries.

En 1999, suite à la fusion avec le Groupe Valfond, le site prend sa dénomination actuelle : Valfond Thonon. L'entreprise, qui emploie environ 300 personnes, fabrique des produits en alliage d'aluminium injecté sous pression, destinés pour 61 % à l'industrie automobile (Renault, PSA, Mercedes, Volkswagen) et 39 % aux équipementiers (SMI-KOYO, Pierburg, GM-Powertrain). Son chiffre d'affaires s'élève à 240 M F.

Visitation (chapelle de la)

Fondée par sainte Jeanne de Chantal, la chapelle de la Visitation a été consacrée en 1684.

Elle est aujourd'hui un espace municipal d'exposition, ouvert à l'art contemporain.

Yvoire

Haut lieu du tourisme en Chablais, le village médiéval fortifié d'Yvoire (639 habitants en 1999), surnommé la "Perle du Léman", se dresse à l'entrée de la partie du Léman nommée "grand lac".

La pointe d'Yvoire ferme à l'ouest le "petit lac" appartenant pour l'essentiel à la Suisse. Cette situation géographique

particulière a donné au village sa vocation défensive, à l'époque où les transports par le lac jouaient un rôle prédominant tant militaire que commercial.

Le château du XIIIᵉ siècle, restauré entre les deux guerres, a conservé son aspect massif. Le clocher de l'église, du XVIIIᵉ siècle, s'orne d'un bulbe massif caractéristique. Les ruelles qui descendent au lac sont bordées de maisons typiques, remarquablement bien entretenues, décorées et fleuries toute l'année par les fiers Yvoiriens. Le port de plaisance accueille de nombreux voiliers, tandis que le port de pêche invite à déguster filets de perche et ombles chevaliers du lac.

Le site attire 400 000 touristes par an qui, au fil de la promenade, peuvent visiter de nombreuses boutiques d'artisanat et galeries d'art, le vivarium et ses reptiles vivants, et un Jardin des Cinq Sens, labyrinthe végétal réputé pour la variété de ses espèces.